Reader Takes All.

閱讀的狩獵
Hunting For Knowledge

9
Net and Books

Hunting for Knowledge 之外

文—郝明義

我是在韓國生長的華僑，1974年來台灣上大學。

在韓國的時候，中國人本來人數就少，生活上各種機能難以齊備。其中，書店以及書店裡的書籍，就更少之又少。更何況，我居住的城市還不是漢城，而是釜山，情況相形更差。

在這樣一個環境裡成長，後來我還可以對文字的工作有興趣，甚至後來進入了出版業工作，固然有太多命運中不可預料與解說之處，但是多年後再仔細回想，也發現其中還是有一些基本的邏輯。

這個邏輯就是，不論在多貧瘠的環境裡，最起碼，你要遇上那麼一兩本書，會在你生命中種下一兩顆神祕的種子。我要感謝自己的父母親，他們一方面盡了最大的努力幫我取得閱讀與求學的機會，一方面他們收在家裡並不多的一些書籍裡，就讓我找到了一顆那樣的種子。（這段過程我寫在本書〈閱讀的狩獵〉一文之中，不再贅言。）

◎

來台灣後，在閱讀這件事情上，當然像是進了天堂。儘管在學生宿舍裡聽本地的學長抱怨當時台灣在書籍上的各種禁忌與限制，但是對當時的我來說，那是還來不及的抱怨。

可是，很快地，我也發現了自己對那個年代的環境所感受到的不便。以一個拄著拐杖行走的人來說，去圖書館借書並不是那麼方便；去逛重慶南路很辛苦；到牯嶺街的舊書店，狹小的空間加上需要攀上蹲下，也幾近於不可能的任務。許多閱讀的機會，因此受了限制。如果閱讀比作狩獵，太多動作需要別人的協助時，這種狩獵是一定不足的——即使是美中的不足。

所以，起碼對我來說，1990年代之後的台灣的閱讀環境，意義相當特別。一方面固然是所有的禁忌全開，在軟體的內容上日益豐富，另一方面，許多書店與圖書館的公共設施也越來越方便，在硬體的設備上讓人更樂於親近。

不要談網路了。我從網路上買來的舊書很快就越來越多，也就十分合理了。

所以，固然時代的推進總會破壞一些舊有美好的東西，但我永遠樂於從美好的那一面上觀察——尤其是在閱讀的狩獵這件事情上。

◎

可是我們還是得做一些事情才行。

看過《大敵當前》（*Enemy at the Gate*）那部電影嗎？那個在列寧格勒戰役留名的狙擊手，是從小跟著爺爺埋伏在雪地裡獵取野狼的。越小接觸一個狩獵的環境，越容易成為一個獵人。在閱讀的領域裡，也是如此。

有關閱讀，我們從小最重要的一個環境，就是學校。而今天的學校，只是一個教你如何接受閱讀的餵食，而不是閱讀的狩獵的環境。

我們會另外找機會再談這個主題。

◎

把閱讀比作狩獵，有合理的地方，也有不合理的地方。譬如，就西方的說法而言，在書籍上用到「hunting」這個字的時候，主要是「for books」，換句話說，去搜尋書來珍藏。是否閱讀倒在其次。因此我們這次英文書名就定為「Hunting for Knowledge」，以作區別。至於Hunting for Books，是的，我們也會做的。

另外一個不合理的地方，是真正的狩獵中，獵物應該躲你猶恐不及。但是在閱讀的狩獵中，書和知識這個獵物卻是有靈的，只要你誠心找它們，它們會迎上你。 ∎

Net and Books Net and Books 網路與書 9
閱讀的狩獵

經營顧問：Peter Weidhaas 陳原 沈昌文
　　　　陳萬雄 朱邦復 高信疆
發行人：郝明義
策劃指導：楊渡
主編：黃秀如
本輯責任編輯：洗懿穎
編輯：藍嘉俊・葉原宏・傅凌
網站編輯：莊琬華
北京地區策劃：于奇・徐淑卿
美術指導：張士勇
美術編輯：倪孟慧・張碧倫
攝影指導：何經泰
企劃副理：鍾亨利
行政兼讀者服務：塗思真
法律顧問：全理法律事務所董安丹律師

出版者：英屬蓋曼群島商網路與書股份有限公司台灣分公司
臺北市南京東路四段25號10樓之1
TEL：(02)2546-7799
FAX：(02)2545-2951
email：help@netandbooks.com
網址：http://www.netandbooks.com
郵撥帳號：19542850
戶名：英屬蓋曼群島商網路與書股份有限公司台灣分公司

總經銷：大和書報圖書股份有限公司
地址：台北縣三重市大智路139號
TEL：886-2-2981-8089
FAX：886-2-2988-3028
製版：瑞豐實業股份有限公司
印刷：詠豐印刷股份有限公司
初版一刷：2004年2月
定價：台灣地區280元

Net and Books No.9
Hunting For Knowledge
Copyright @2004 by Net and Books
Advisors: Peter Weidhass　Chen Yuan
　　　　Shen Chang Wen　Chan Man Hung
　　　　Chu Bang Fu　Gao Xin Jiang
Publisher: Rex How
Editorial Director: Yang Tu
Chief Editor: Huang Shiou-ru
Executive Editor: Winifred Sin
Editors: Chia-Chun Lang・Yeh Yuan-Hung・Fu Ling
Website Editor: Lucienna Chuang
Managing Editor in Beijing: Yu Qi ・Hsu Shu-Ching
Art Director: Zhang Shi Yung
Photography Director: He Jing Tai
Marketing Assistant Manager: Henry Chung
Administration: Jane TU
Net and Books Co. Ltd. Taiwan Branch（Cayman Islands）
10F-1, 25, Section 4, Nanking East Road, Taipei, Taiwan
TEL：+886-2-2546-7799　　FAX：+886-2-2545-2951
Email：help@netandbooks.com　http://www.netandbooks.com

本書之出版，感謝永豐餘、CP1897網上書店、英資達參予贊助。

CONTENTS
目錄 封面繪圖:BO2

Part 1
The History
狩獵的歷史

閱讀的狩獵

當審判之日來臨時，一些有名的征服者、律師和政治家都來接受他們的報償——他們的皇冠、桂冠以及刻在大理石上的永恆的名字。而當天主看見我們腋下夾著書向他走來時，他略帶羨慕地向彼得說：「你看，這些人不必任何報酬給他們，因為他們在人間已經熱愛過讀書。」

——Virginia Woolf

文—郝明義

2002年周振鶴先生為我們寫了一篇文章，提到從馬禮遜開始，最早編寫英漢字典的一些外國人。那年秋天，我去上海和他見面，從他的文章問起最早編寫英漢字典的中國人又是誰。我第一次聽到「鄺其照」這個名字。

接下來，我想對這個人以及他所編的字典多了解一些。但是非常困難。首先，據周振鶴所說，鄺其照編的英漢字典，目前僅存的一個版本是在東京的一個御茶之水圖書館。（我請人去看，但那個圖書館當時正在長期封館。）再來，找不到什麼書可以讀。我唯一讀到的書面資料，是在北京圖書館裡查到周作人的一篇文章〈翻譯與字典〉。那篇文章提到，據說當年連福澤諭吉學英文都是用鄺其照編的英漢字典。

這樣，我對鄺其照的好奇越來越強了。這個才不過一百多年前，並且很有關鍵位置的一個人物，怎麼可能一下子就淹沒，消失不見了？

當然，網路搜尋引擎幫我找到一些有趣，但是零碎的資料。

譬如，我找到了這樣一條：「第四批官費留學生劉玉麟、林聯輝、周傳諤等30人由鄺其照率領，在上海搭萬昌公司輪船動身赴美。《徐愚齋自敘年譜》」，以及這樣一條：「（廣州）聚龍村人傑地靈，歷史上出過不少名人：故居該村3號的鄺其照，曾任清朝政府派駐新加坡的商務領事、駐美商務參贊助理等職。」

當年十二月我去東京參加一個有關亞洲出版的研討會。會後循例去神保町的書店街逛了一圈，在一家舊書店裡買了一本《蘭和‧英和辭書發達史》（永嶋大典／著）。回來一翻閱，我被書後一個14頁的附錄〈英語辭書史年表〉震住了。鄺其照和他所編的字典，在明治維新之後日本人的英語學習字典史上，共出現了三條。日本人保留的資料，讓我第一次印證了周作人說法的可能。

其後我在網路上查到關西大學一位內田慶市教授有一本書談到鄺其照，設法用Email聯絡上他，取得他的書一讀。這本書和大約同時沈昌文先生從北京傳來的一篇文章，幫我解開了鄺其照的字典為什麼消失了的謎團：原來到1899年，他的字典經過修訂、增補之後，成為商務印書館出版的第一部英漢字典：

《商務印書館華英字典》。

那年12月出版的《詞典的兩個世界》裡，終於有了一篇把鄺其照的面貌稍微介紹得清楚一點的一千字文章：「鄺其照，字容階……1868年，鄺其照著的《字典集成》在香港的中華印務總局出版，後來第三版時改名《華英字典集成》。……書成初版的那一年，是日本明治元年，正是中日兩國國力消長互見的年代。……1899年增田藤之助也據以「校訂編纂附譯」而成《英和雙解熟語大辭彙》（英學新誌社出版）。……」

我對鄺其照的了解仍然只是皮毛，只是，多少有了一個起點。

◎

閱讀，從來都是一種狩獵。

狩獵的對象，也許只是隱約風聞的一本書，也許只是一個飄渺不明的人物，然後我們從開始激起好奇，到進入茫然不知所從的迷霧，到發現蛛絲馬跡的線索，到終於鎖定方向，一路動員所有的感官來進行追蹤。

而就我狩獵鄺其照的這段經過，事後有兩個歸納。

第一，從大約一百五十年前起到今天，知識叢林所形成的廣度與速度，是沒有任何詞彙可以形容的。因而，知識極容易遭受淹沒與遺忘。才不過一百年前的人物，並且還是很關鍵位置與事件的一個人物，一下子就可能消失不見。

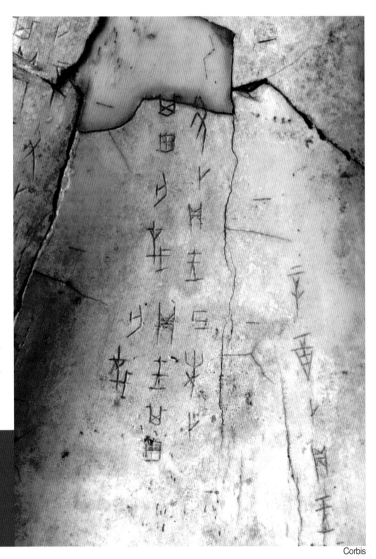

第一個階段，在印刷術發明之前。因此，在中國是大約第九世紀以前的事；在西方，是十五世紀中葉之前的事。這個階段最大的特色，是獵物並不多，看到獵物的機會也很難。圖為河南安陽出土的甲骨文。

Corbis

第二，從大約二十世紀最後十年起到今天，一種新的狩獵方式正因為網路時代而形成。這個新的方式是一種組合。分解我自己的這段經驗，其中包括了：

一，與人的接觸——你仍然必須親自面訪一些人來問路。

二，圖書館的使用——查閱散落期刊、書籍中的資料。

三，網路的使用——網路會幫你尋找理性意識所不及思考的一些角落、碎片。（前面說的那兩條網路資料，一條載於大陸一個職成教育網站的「大事紀」裡，一條載於一個華人社區網站裡《人民日報海外版》的摘文。）

四，旅行——實際去上海和東京一趟，還是有不同的作用。

五，書店的使用——隨意瀏覽書店書架上的藏書，和網路書店的作用還是大不相同。

六，興趣雜一點的閱讀——不然，你怎麼會發現一本談英和字典發展史的書後的附錄，會隱藏著中國近代史上一本英漢字典的資料？

七，朋友的協助——要有一些好管閒事的朋友幫忙搜尋。

八，多幾種外語的幫助——網路把各種語言的知識都連在了一起，誰懂得多一些外語，誰就多探尋一些叢林的角落。

九，書的作用——許多知識，仍然只有存在於書中，而不在網路上。

◎

過去的狩獵，不是這樣的。

閱讀狩獵之變化，可以分四個階段。

第一個階段，在印刷術發明之前。因此，在中國是大約第九世紀以前的事；在西方，是十五世紀中葉之前的事。

第二個階段，是印刷術發明之後，直到十九世紀後葉。

第三個階段，十九世紀後葉到二十世紀最後十年之前。

第四個階段，是1990年代www誕生，網路興起以至於今。

◎

第二個階段，是印刷術發明之後，直到十九世紀後葉。這個階段最大的特色，就是獵物多了，叢林密了。圖為1520年一幅有關印刷術的版畫。

第一個階段，印刷術發明之前，最大的特色是獵物並不多，看到獵物的機會也很難。

「當是時……韓宣子適魯，然後見《易象》與《魯春秋》。季札聘於上國，然後得聞《詩》之風、雅、頌。而楚獨有左史倚相，能讀《三墳》、《五典》、《八索》、《九丘》。士之生於是時，得見《六經》者蓋無幾，其學可謂難矣！」

這是蘇東坡在一篇感嘆印刷術發明之後，大家得書易卻不讀的文章裡，回顧周朝時候一書難求的情況。秦漢之後，雖然因為紙的發明而有些改善，但這種情況的根本並沒有變，一直到五代、宋朝印刷術大興之前，都持續如此。因此蘇東坡還說：「余猶及見老儒先生，自言其少時，欲求《史記》、《漢書》而不可得；幸而得之，皆手自書，日夜誦讀，猶恐不及。」（《李氏山房藏書記》）

中國如此，西方由於紙張的引入更晚，中世紀教會對知識的壟斷更重，書寫文字拉丁語和各地口語的分離，造成情況之嚴重，更不在話下。

◎

印刷術發明之後，閱讀的狩獵進入了第二個階段。這個階段最大的特色，就是獵物多了，叢林密了。

中國的例子，唐代晚期先是多出佛經與曆書，五代開始刻印群經，而到宋代大放異彩，終至於蘇東坡所說「近歲市人轉相摹刻，諸子百家之言，日傳萬紙，學者之於書，多且易致於此」，成就了不但有宋一代的輝煌，也開啓了其後將近一千年的文化高峰。著作的人多，出版的人多，閱讀的人多，交相繁衍出一個綿綿密密的閱讀叢林。

中國如此，西方的情形更以倍計。1455年古騰堡發明活版印刷之後，歐洲各地的語言與文字開始萌現蓬勃的生命，這些各放異彩的文字再分別呈現出不同的宗教、哲學、科學、文學等等思想與創作，上承文藝復興與宗教改革，下接啓蒙時代與工業革命，不只蘊育了百花爭放的文化，也為人類文明整個前進一步做好了準備。再度，著作的人、出版的人、閱讀的人，相互激生出一個龐然巨然的閱讀叢林。

閱讀的叢林發展到這個地步，不免一些副作用。其一，是像蘇東坡所感嘆的，在獵物隨手皆是的環境裡，「後生科舉之士，皆束手不觀，遊談無根」。其二，是像培根所感嘆的，在獵物隨手皆是的環境裡，「有些書可淺嘗即止，有些書可囫圇吞棗，只有極少數的書值得細嚼慢嚥。」

這就是閱讀的狩獵第二個階段的特色。

◎

從十九世紀下半開始，閱讀的狩獵進入了第三個階段。這個階段，是從西方開始的，由於前後兩個因素。

第一個因素，是美國的興起。美國獨立已經一段時間之後，開始進入大開大闊的發展時期。日益富裕的民間，對未來、對文化，產生無與倫比的渴望與信心。即使隱居到湖邊的梭羅，都留下了這段話：「我們生活在十九世紀，為什麼不享受十九世紀的方便？……像那具有高雅鑑賞力的貴族，終日沈浸於那些培養其文化素養的事物之中……讓鄉村也這麼做。……由於我們的情況已夠繁榮，我們的資源應較歐洲貴族豐富。新英格蘭應能聘請世界上一切的

第三個階段，十九世紀後葉到二十世紀最後十年之前。出版的產業化、家電汽車的現代化發展、圖像閱讀的興起，使得獵人、獵物、狩獵的工具、叢林的環境，都不但在暴增，並且有了異變。中文世界，還多了些政治因素的干擾。圖為梵谷的畫：the Parisian Novels。

賢者來此講學……使我們的生活不再狹隘。……因而我們所有的，不是貴族之人，而是貴族鄉村。」十九世紀中葉的美國，新生的經濟與求知若渴，相互激盪，在文化上成了歐洲的一個新大陸。美國，爲一個新階段的大規模出版產業，平整出一塊偌大的發展腹地。

第二個因素，是歐洲出版產業的技術與觀念，挺進了一個新的階段。工業革命之後，印刷機器的大幅改進，是硬體上的突破。像威廉・摩里斯（William Morris）統一印刷字體的使用規則，

並建立書籍的整體設計概念，是軟體上的突破。等到進入二十世紀再出現的平裝本革命，則是行銷與經營的突破。而所有這些和出版相關的硬體、軟體、行銷、經營的突破，都隨著美國市場的擴大，而有了青出於藍而勝於藍的移植。

第一和第二個因素結合起來，形成了一個前所未有的出版產業的運作概念、方法與機制，也給原來就綿延濃密的閱讀叢林，帶來了由量變而質變的變化。

英國的外交家格萊爵士（1st Viscount Grey Of Fallodon, 1862 - 1933）有一段話談當時的氣氛，可以說明這種變化的來龍去脈：

「在舊社會裡，要養成閱讀的習慣一定不難，那時候的人，生活平淡無奇，沒有什麼波動，而且也沒有什麼特別的事可作，於是看書的機會自然就多起來。……

鐵路、火車的發達，改變了人們的生活習慣，使人口的流動增多起來，雖然這樣子，人們留在家裡的機會大大的減少，但是相對的，在漫長無聊的旅途上，卻又是一個最佳的閱讀時機，所以交通的發達，對閱讀的影響可說是利弊參半，可是汽車多起來，情形就不同了，人們花在東晃西蕩的時間多起來，那樣晃蕩的情況下，閱讀雖非絕對不可能，但至少想在車上閱讀是非常吃力的。」不只如此，電的出現也關係重大。「電話的使用，不但擾亂心境的寧靜，而且也把完整的時間，分割得七零八落的，……電氣事業的發達，雖然為人類帶來了許多新奇的事物，卻更把人們原來尋求讀書之樂的時間都剝奪了去。此外，諸如電影事業的發達，航空事業的進步，都使現代人不易養成讀書的習慣，就算能養成，也不容易持之有恆。」（摘自《閱讀的藝術》·志文出版）

> 第四個階段，是1990年代www誕生，網路興起以至於今。叢林原來和我們有個主客觀的距離，但突然間，我們發現每個人都一下子置身叢林濃密的深處──叢林已經成為我們的生活，唯一的世界。

格萊沒來得及目睹電視走入家庭之後的影響，但是他注意到另一個現象：「畫報的流行，也是一件大大不利的事，有了畫報，人們不但不想閱讀，而且也不常思考了。……在土耳其希臘戰爭期間，有一天我遇到一個人，表示他希望土耳其能打贏這一仗，原來他或她（我連這個人的性別都不屑一提）認為，從圖像看起來，似乎凱末爾將軍比較像好人。」

格萊說的，是圖像閱讀出現後的一個現象。這個現象混合著上述其他的現象，歸納出閱讀狩獵第三個階段的特點：獵人、獵物、狩獵的工具、叢林的環境，都不但在暴增，並且有了異變。

從這個階段開始，知識（即使很關鍵）容易遭受淹沒與遺忘，是可以想像的事。

◎

中國進入閱讀狩獵的第三個階段，時間略晚於西方。鴉片戰爭，尤其甲午戰後。

突然間，一個曾經自成天地，自有系統的知識與閱讀的叢林，被大量奇形怪狀，前所未見的巨獸所

Corbis

闖進，左衝右突。原有的狩獵標的、工具、方法、環境，狼狽大亂。中國像是猛然被丟進時光機器，毫無準備地闖進了閱讀狩獵的第三個階段。

梁啓超說：「今時局變異，外侮交迫，非讀萬國之書，則不能通一國之書。……必能以數年之力，使學者於中國經史大義，悉已通徹，根柢既植；然後以其餘日肆力於西籍。」(《湖南時務學堂學約》)。

但張之洞的主張影響更大：「中學爲體，西學爲用」。然後，「西學」再一分爲二，「西政」急於「西藝」。爲了節省學習的時間，把知識與閱讀用「中」、「西」來分，用「政」、「藝」來分，預告了中國在第三個閱讀狩獵階段特有的現象。因此進入了二十世紀之後，知識與閱讀會從縱軸上按「新」、「舊」切割、絕裂，從橫軸上按不同的「主義」、「黨派」來進行劃分、禁止，也就不足爲奇。

總之，中文世界在屬於自己特有的閱讀狩獵的第三階段，可以分兩個段落來看。第一個段落，是在陌生與驚慌中努力觀察、研究異變的獵物、工具、方法與環境；第二個段落(大致以1950年代爲開始)，則是在謹慎與疑懼中努力阻擋、隔絕某些獵物之出沒，而企圖給自己營造一個純淨、方便、快速、有利的知識與閱讀的環境。這種方便行事的作風，從國家、政黨而個人，一脈而下，逐漸習以爲常。

◎

然後，二十世紀進入了最後的十年。閱讀的狩獵，進入了因World Wide Web全球網路熱所帶動的第四個階段。

這個階段由四個主要的現象所構成：

一， 文字的閱讀成了無時無刻，無所不在的事情：在自己辦公桌的電腦上、在網咖裡的電腦上、在隨身的Notebook上、在連線的電腦遊戲上、在手機的簡訊上、在PDA的螢幕上、在平板型電腦上、在兒童的電子書包上……要讀自己買的書、借的書，要讀網站內容，要讀Message Board，要讀Chat，要讀訂閱的電子報，要讀朋友來的信，要讀別人轉寄來的文章……

二， 文字的寫作也成了無時無刻，無所不在的事情：公事的Email、私人書信的Email、在網路上發表短篇文章、在網路上發表長篇著作、寫Message Board、寫Chat、Forward訊息給朋友、寫PDA記事、寫手機簡訊……

三， 文字以外的閱讀與溝通大興：格萊觀察到的那些圖像閱讀的現象，繼續以更方便、更強化的方式擴張；除了平面圖像之外，動畫、電影、音樂、錄音……也在透過各種載體，無時無刻，無所不在地

和我們的感官互動。

四，而以上所有這些，都互相以Link而聯結起來。

前面這四個現象合起來所構成的閱讀叢林，第一，是叢林擴大的速度與幅度瞬息萬變；第二，是叢林擴大的次元（Dimension）眼花撩亂；第三，是叢林原來和我們有個主客觀的距離，我們可以主觀地選擇何時、如何進入；但突然間，我們發現每個人都一下子置身叢林濃密的深處——叢林已經成為我們的生活，唯一的世界。

進入了這樣的一個階段，一方面是獵人、獵物、狩獵的工具、方法、環境，在在產生異變，另一方面，是我們對於「狩獵」本身的看待，也在異變。我們可能是在無所不獵，也可能根本是一無所獵。這可能是閱讀最美好的一個時代，也可能是最黑暗的一個時代。

◎

台灣還多了一個參數。

在WWW出現的前兩年，1987年，台灣解嚴了。長期禁獵的種種限制、禁區，一下子消失了。

台灣的人，在劇變的世界中，還特別享受了一顆額外的照明彈。（這顆照明彈的利弊，請參閱附文。）

◎

閱讀的狩獵，不論標的、工具、方法、環境再怎麼變化，讓我們目不暇給，無從選擇，但我相信總有一點是不會變的，那就是我們要獵到自己所需要的。

有時候，叢林再大，這可能是在只發生在你腳邊的。

2003年12月編這本書的時候，我和香港城市大學的張隆溪教授有一次談話。從他對錢鍾書先生閱讀的了解（請參閱本書第130頁），談到影響他自己最深的閱讀經驗。

張教授說他在文革開始後不久，到四川南部一個山區下鄉，在那裡當了三年農民。當時他的體重不到一百磅，沒有足夠的食物，生活非常艱苦。唯一陪伴他的，是兩本書。這兩本書是他在下鄉前，一位沒有教過他，但是知道他很喜歡英文的老師送他的。其中一本是從前燕京大學教授A. E. Zucker編的西方文學讀本，原來一套四卷，他得到的是第一卷，是希臘羅馬文學，內容包括英譯荷馬史詩、希臘悲劇、柏拉圖對話、維吉爾的《伊尼德》、羅馬喜劇等等。另一本是英國文學讀本，介紹從莎士比亞到赫胥黎大概四十多位英國作家的作品。（張教授有篇文章可參閱：http//ccsun57.cc.ntu.edu.tw/~cge/forum.htm）

當時他永遠也想像不到，那兩本書給他開啓了日後什麼樣的門戶。

◎

我自己也有一個類似的故事。

我是在韓國生長的。1960年代，讀釜山華僑小學三年級的時候，遇上了一位老師。

那一年，侯老師給了我一份很特別的作業，要求我每天要寫一篇作文或日記交給她。全班，只有我

台灣的照明彈

　　戒嚴時期，台灣種種政治禁忌，加上封閉的社會環境，使得出版與閱讀的叢林不但產生限制隔離，也重重黑暗。1987年的解嚴，一方面撤消了政治的禁忌，另一方面也開放了社會。過去單一化的信仰體系與價值觀，一下子多元發展，出版與閱讀的叢林，藩籬盡除。黑暗的叢林，形同炸開了一個照明彈。

　　於是，叢林裡過去沒能看到的角落一一現形，過去不能進入的禁區可以長驅直入。出版者急於填空，把過去因為禁忌而無法談論的作者引介進來，不得一見的書籍予以出版；讀者則急於補課，迎接從來只能耳聞的作家，購買過去只能暗地影印的作品。台灣的出版大量增加（1980年全台灣一年出版的新書是4,565種，1990年16,156種，2000年34,533種），連鎖書店蓬勃發展，暢銷書急速擴增，市場一片榮景，雖然也有諸如經濟起飛等因素的配合，但最主要的還是因為社會解放，而就過去對知識與閱讀的飢渴，進行彌補。

　　這麼看的話，我們對2000年之後台灣出版與閱讀市場因為急速、大幅擴張的一些低迷甚至倒退現象，就可以另有一個觀察角度，不必全然歸咎於出版的盲目競爭。原因很簡單，台灣即使從1949年後算起，也最少已經因為戒嚴而封閉了四十年。換句話說，在閱讀的叢林裡和外界分離隔絕了四十年。四十年所缺的書，出版者和讀者急於在十年之內就補回來，是可以理解的，但卻是沒法實現的。所以一方面不論就出版者或讀者都產生消化的困難，另一方面也可以預期未來短時間之內這種大量出版的趨勢，並不會稍緩，而大量新書出版之後不及被讀者所認知、體會、接受，就又大量退回的現象，也不會稍減。

　　原因很簡單。我們要補出的書還太多太多，而我們整個社會（包括出版業者、通路業者、讀者）要在出書前後補充的背景知識卻遠遠不足。這就好像叢林裡一塊廣大的荒地要補種過去未曾得見的樹木、花卉，就算樹苗、種子都急急地準備齊全了，但是要有足夠懂得把這些植物種下去的人；就算有足夠種下去的人，也真的種下去了，也得花上足夠的時間等待這些植物茁壯。這和這塊荒地開始重新開墾的時候，種下一點點新奇植物就能產生的效應和反應是大不相同的。

　　我們必須花上時間。

　　所以，我們還真的不能樂觀，因為這一切的發展是不可能攔阻或減緩的；不過，我們也真的不能悲觀，因為我們所有碰到的問題，其中包含著一個美麗的錯誤——我們想把知識和閱讀彌補回來的急切。

要交這份特別的作業。

　　每天交一篇作文，一個小三的學生很快就擠不出東西。幸運的是，我發現了一個解決之道。

　　我在家裡找到一本父親的書。書紙黃黃的，封底印了一個標誌。書裡按各種主題，整理摘錄了許許多多文章。從一年春夏秋冬四季的變化到悲歡離合，從抒情到論述，各式各類的文章都有。每篇文章後面括弧裡署一個人名。於是我就每天找一個主題，偷偷更動一些地方，「臨摹」起來。

　　那真是一本秘笈。我靠著它熬過了那一年的作業。

　　後來，隨著年歲長大，我逐漸知道了那些括弧裡所署的人名代表什麼：魯迅、林語堂、周樹人、胡適、冰心……那本書後面的CP的標誌，我也知道了那代表一家叫作「商務印書館」的出版公司。

　　今天我還可以寫些文字，不論從哪一方面都要謝謝侯老師那一整年的要求，也要謝謝那一本神奇的秘笈。在韓國僑居地那麼貧瘠的閱讀荒地裡，我也永遠想像不到，那一本現在已經記不起名字的書，會幫我開啓日後什麼樣的門戶。

　　◎

　　獻給所有為閱讀而狩獵的人。

一些閱讀生態

文—葉原宏

永樂大典

永樂元年（1403年），明成祖命解縉等人依「洪武正韻」將「經、史、子、集、道、釋、醫、卜、雜」等天下學問集爲一書。至隔年十一月書成，賜名「文獻大成」。但朱棣有感於書未齊備，於是下令重修。於永樂三年正月集天下大學士於南京文淵閣編纂此書，永樂六年十二月全書竣工，共收書二萬多卷，合一萬多冊，並有凡例及目錄六十卷，是爲《永樂大典》。此書歷經兵、火浩劫，至八國聯軍時，更被焚燒搶略殆盡。目前散落世界各地者尚有三四百冊，中國國家圖書館則幾經收集藏有221冊。此書在嘉靖年間首次遭遇火厄，因而令酷愛此書的明世宗下令抄寫正副二本，正本藏於文淵閣，副本藏於皇史宬。而兩部大典的抄寫工作直到朱厚熜下葬後（嘉靖四十五年）始由明穆宗宣告竣工，從此正本下落不明。因而有學者考證今日流傳的皆是所謂的副本，並推測正本仍保存於明世宗歷時十二年爲自己建造的陵寢——永陵之中。至於其眞相如何，則有待進一步的探索。

四庫全書

清高宗弘曆於乾隆三十七年（1772年）下詔徵求天下書籍，並於隔年設立四庫全書館，命紀昀、王念孫等人編纂《四庫全書》，歷時九年而成。《四庫全書》包含「經史子集」四部書籍內容，共計收有三千四百多種書籍，七萬三千多卷，是目前可見的最大叢書。它包含了當時所可收得的但經過篩選的書籍，凡是有涉及詆毀清朝的書籍，一律都遭到了銷毀的命運，而價值不高的書籍也不在收錄之列，以致使所收書與所毀書的數量相差無幾。《四庫全書》編成後，先後兩次抄錄三份，與正本分藏於北四閣與南三閣。其中文宗閣與文匯閣毀於太平天國，文源閣毀於英法聯軍。

道藏

《道藏》主要內容自然是道教經典，包含清規戒律、符籙靈圖、譜笈傳記等等，但其中也包含豐富的哲學、歷史、天文、地理、醫學甚至軍事等文獻與知識。唐朝因爲李姓而崇尚道家、道教，《道藏》也是由此而來。而從唐玄宗李隆基編纂《開元道藏》以來，除了清朝之外，歷代都有編纂《道藏》的記載，而這些《道藏》彼此都有傳承的關係，也有刪減與新

增的部分。歷代的《道藏》多已焚毀亡佚，目前所可見者主要爲明朝的《正統道藏》及《萬曆續道藏》。

佛藏

公元前五世紀時釋迦牟尼創佛教，釋迦牟尼死後，弟子們爲使其教導流傳下來以便遵行，便遴選五百名阿羅漢進入靈鷲山七葉窟結集佛陀生前的言行紀錄，是第一次結集，最後完成「經、律、論」三藏。東漢末年，佛教傳入，由安世高等外籍僧人對佛經進行翻譯，之後佛教於魏晉南北朝時藉由玄談之風與因果輪迴之說，迅速爲士大夫與民眾所接受，佛經的數量也迅速大增。473年，王儉撰著書目時，道書與佛書已可獨出一志；至普通年間（520-527年）阮孝緒作七錄時，佛錄與道錄已可各居其一。而佛經的內容除了對經典的重新翻譯與註釋之外，還有如傳記、傳燈錄、音義字典等新體裁陸續出現。

甲骨學

金石學家王懿榮於清德宗光緒二十五年（1899年）因患痢疾而服食摻有甲骨的藥劑，而發現了甲骨文。後來在二十世紀時，於安陽小屯村等地陸續進行了數十百次的挖掘，共得

甲骨約十餘萬片。撰作《殷曆譜》的董作賓解釋甲骨學爲：「甲骨學所研究的是甲骨文字，甲骨文字是寫或刻在龜的腹甲、背甲和牛的肩胛骨上面的文字。」後來甲骨學的概念不斷擴展，已不再僅僅只是對甲骨文進行研究，而是包含了對文字所記載的歷史以及同時出土的器物等等事項所進行的研究。甲骨學對於漢字的源流與商朝歷史的重建，具有莫大的價值。

敦煌學

道士王圓籙於光緒二十六年，因打掃石窟而發現敦煌莫高窟石室藏經，這些敦煌石窟藏經共有五萬多卷，包含六朝、隋、唐、宋代的許多文獻。此事外傳後引來許多的外國學者以偷拐搶騙等等手段加以巧取豪奪，其中最有名的是英籍匈牙利人斯坦因、法國漢學家伯希和以及日本人大谷光瑞與俄國科學院院士奧登堡，因此而有爲數眾多的敦煌藏經流散於國外。1909年5月，經羅振玉等學者呼籲後，清政府才終於將這批劫餘文獻收藏於京師圖書館。這批藏經除儒道釋三家經典之外，還有官府文書、詩詞變文、星曆占卜等各類文獻，並有許多用西藏、突厥等其他外族文字書寫的文獻，對許多領域的研究都有著巨大的價值。

簡帛學

簡帛的發現，早在漢景帝時期，就有魯恭王破壞孔子宅壁而得古文的事例；其後在晉武帝時期，又有汲郡人不準盜掘魏襄王墓，得竹簡小篆古書十餘萬言之事，都是較爲重要的事例。二十世紀初，斯坦因與瑞典探險家斯文·赫定等人陸續在樓蘭古城等遺址中發現許多竹簡，1914年羅振玉與王國維爲新發現的竹簡寫作《流沙墜簡》，成爲簡帛學的開端。此後較重要的發現有：1972年的銀雀山漢墓竹簡、1973年馬王堆漢墓帛書、1996年長沙走馬樓竹簡以及不知何時出土，後爲上海博物館從香港購得的戰國竹簡。簡帛學因豐富的內涵而被稱爲是繼甲骨學與敦煌學之後的又一顯學。

兵學

周朝的齊國是中國兵學的發源地，而其創始人則是姜太公與孫武。就理論層面而言，春秋末期是兵學的第一個盛世，其次是戰國中期，其次是三國至唐；就數量而言，則首爲先秦、次爲明朝、最末爲清朝。兵家不入九流十家之中，在劉歆著《七略》目錄時〈兵書略〉獨出一略，與〈諸子略〉並列，之後到了四部分類才將二者合一，其原因則是千古未解之謎。目前可見的兵書數量非常龐大，除流傳已久的兵書之外，更有諸如《孫臏兵法》等考古發現的兵書，其中蘊藏的豐富智慧有待於後人積極的開發。

醫學

〈方技略〉爲劉歆《七略》之一，內含「醫經、經方、房中、神僊」四個子目，其中的「醫經、經方」所列之書如《黃帝內經》、《外經》及《五藏傷中十一病方》等爲中國醫學的主要內容。先秦至漢見於著錄的有「經方十一家，二百七十四卷。醫經七家，二百一十六卷。」之多，且秦始皇「挾書之律」規定「所不去者，醫藥卜筮種樹之書。」因此醫藥典籍未遭焚書之劫。而經兩千餘年來後人不斷地研究與發展，醫學典籍蔚爲大觀，也是當今唯一還能與西方現代醫學相抗衡的古代醫學。

紅學

紅學是研究曹雪芹小說《紅樓夢》的一門學問，起源於清朝脂硯齋評點《紅樓夢》。二十世紀是紅學的大盛期，主要分爲索隱派、考證派、文學批評派三大流派，參與研究的重要人物有王國維、胡適、俞平伯等人。並與甲骨學、敦煌學並稱爲二十世紀的三大顯學。 ∎

- 217年，漢獻帝建安二十二年，已經有「科禁內學及兵書」的記載，而時人吉茂則因藏匿這些書籍而被逮捕。兵書繼秦始皇焚百家書之後，首次被禁。

- 曹操（155-220年）處死華陀，使華佗載有「麻沸散」以及外科手術知識的劃時代醫書從此失傳。

- 魏廢帝齊王曹芳於正始年間（240-249年）下令以「古文、篆文、隸書」三種字體刊刻經書，稱為正始石經或三體石經。然而到唐朝時，因歷經破壞，已多不可見。

- 267年，晉武帝司馬炎宣布禁書令：「禁星氣、讖緯之學。」279年，汲郡人不準掘魏襄王墓，得竹書數十車，合為竹簡小篆古書十餘萬言，藏於祕府。

- 魏祕書郎鄭默著作《中經》，祕書監荀勗又因此書著作新的目錄，將群書分為甲乙丙丁四部，其中乙部收諸子及兵家書，丁部則收有出土文物汲冢書。四部共計收錄29,945卷書目。此後，東督李充將乙丙兩部調換，成為經史子集的順序，其後的南朝宋、謝靈運、南齊、王亮、謝朏所作目錄也都分為四部，而經史子集的順序亦從此而定。

375年，前秦苻堅下令：「其增崇儒教：禁《老》、《莊》、圖讖之學，犯者棄市。」

- 446年，北魏太武帝下令：「諸有浮圖形像及胡經，皆擊破焚燒，沙門無少長悉阬之！」使佛教、佛書、僧人均遭受到嚴重打擊。

祖沖之（429-500年）與其父親祖暅在《九章算術》劉徽註的基礎上，著重利用思維與推理的方式進行數學研究，取得重大成果。包括將圓周率精確計算到小數點後第六位，提出球體積公式以及完善二次與三次方程的解法等。著有《綴術》，可惜到隋朝時已因「學官莫能究其深奧，是故廢而不理。」最終失傳。

北周·甄鸞為漢·徐嶽的《數術記遺》作註，當中記載了「心算、積算（籌算）、太乙算、兩儀算、三才算、五行算、八卦算、九宮算、運籌算、了知算、成數算、把頭算、龜算和珠算」十四種演算法。此後除心算、籌算、珠算之外，餘法皆告失傳。

- 605年，隋煬帝即位，「乃發使四出，搜天下書籍與讖緯相涉者，皆焚之，為吏所糾者至死」。

貞觀年間（627-649年），唐太宗為轉移儒士們對玄武門之變的注意力，以及消耗隋朝舊臣的心力，而命孔穎達等人修撰《五經正義》，經兩次刊定後，於唐高宗永徽四年（653年）頒行天下。除此外，魏徵更為唐太宗編纂《群書治要》，而玄奘於貞觀十九年正月自印度取經回國後，於長安受到唐太宗召見，並受命將沿途所見所聞撰修為西域傳，並召集許多僧人於長安弘福寺，由朝廷供給所需翻譯佛經。

三國　西晉　　東晉　　南北朝　　隋

200　　　　　　　　　400　　　　　　　600

第三世紀，百濟王國遣使日本，帶去《論語》等書，中國文字傳入日本，此後日本在很長的一段時間通用中國的字書。

- 久受壓迫的基督教，因羅馬皇帝君士坦丁（306-337年在位）皈依而改變命運。君士坦丁下令焚燒異教徒書籍，以及對圖書館與博物館進行大規模破壞。由此開始，羅馬自希臘時代繼承而來的思想與經典反而逐漸失傳，消失於歐洲而被阿拉伯世界所保存。要到十字軍東征的時候，才再度把這些經典從阿拉伯世界帶回歐洲，進而促成文藝復興。也因為基督教信仰成為主流，有關《聖經》的詮釋，成為西方重要的一個閱讀系統。

古希臘女數學家希帕蒂亞（Hypatia，約370-415年）因宣揚科學思想與揭露教會黑暗面，而遭到基督教教徒凌遲致死。

第五世紀，文法及詞典學家Hesychius編了一本上古時期最好、最龐大的希臘文詞典。

512-513年，阿拉伯文字出現。

- 529年，拜占廷皇帝查士丁尼（Justinian I，527-565年在位）查禁柏拉圖學園，將許多知識份子流放到邊遠地區。

第六世紀，印度文法學家Amarasimha編了一部重要的梵語詞典。

622年，穆罕默德逃到麥加避難，回教紀元開始。

634年，穆罕默德以區區三、四千人的軍隊起兵，在接下來的一百年間，回教建立了一個橫跨中亞、北非及西班牙的大帝國。而回教的東征西討與擴大版圖，也帶動了東西各種文化的交流。

650年，《可蘭經》以阿拉伯文字記錄下來。

第七世紀，造紙術由朝鮮傳入日本。

- 715年，英國人萊斯布里吉（John Lethbridge）發明皮革製成的潛水衣，潛水衣容納了約三十分鐘的氧氣，最深可下潛到30尺的深度。人類對於水下世界的探索開始得到延展。

大唐律法〈唐律疏議・職制律〉規定：「諸玄象器物、天文、圖書、讖書、兵書、七曜曆、太一、雷公式，私家不得有，違者徒二年。」此後，唐代宗大曆三年（768年）以及後周太祖廣順三年（953年）、宋太祖開寶五年（972年）都再重申此一規定，但兵書都已不在禁書之列。

唐朝開國後，因與老子李耳同為李姓而推崇道家、道教與玄學。至唐玄宗李隆基（712-756在位）時，廣收道書，按陸修靜三洞分類法，將道書分為「洞真、洞神、洞玄」各十二部，共計3744卷，稱為《開元道藏》。

七世紀末，唐代發明了雕版印刷。起初主要被用來印製佛經與曆書，但從五代以迄宋代，雕版印刷開始用來印製儒家經典，從此也改變了古籍的整個流傳繁衍生態。而宋代的宋版書，更因其校勘精、刻工佳等優點，而為歷代藏書家所極力推崇。

北宋仁宗趙禎（1023-1063年在位）與神宗趙頊（1068-1085年在位）陸續下詔整理兵書，最終於元豐三年（1080年），詔國子司業朱服、武學博士何去非等人校定《孫子》、《李靖問對》等七書，至元豐六年（1083年）結束，將七書頒定為「武經」，鏤板刊印。武經七書從此成為軍事人員的基本教材。

1041-1048年間，畢昇發明膠泥活字印刷術，為世界最早的活字印刷術。1989年，於甘肅發現的西夏文《維摩詰所說經》即是採用畢昇膠泥活字印刷術印製的文獻。

1088年，沈括退隱於「夢溪園」，此後八年間陸續完成科學著作《夢溪筆談》、《續筆談》、《補筆談》等書，在《夢溪筆談》中沈括系統地介紹了「指南針」的製造技術，並發現「磁偏角」現象。〈宋史・沈括傳〉稱：「括博學善文，於天文、方志、律曆、音樂、醫藥、卜算，無所不通，皆有所論著。」後人稱為中國科學史上最卓越的人物。

宋高宗（1127-1161在位）時期，三次禁絕私人撰著與收藏野史。

1298年，王禎改進畢昇的膠泥活字，創造了木活字。並耗時15年寫作《農書》，而將記載木活字印刷術的論文〈造活字印書法〉附於此書之後。

宋朝時發展出「理學」，理學發源於北宋的周敦頤、張載與程顥、程頤，大成於南宋的朱熹，是著力於研究聖人之道的學問；也是日後清兩代的思想主流，更是統治者用來箝制讀書人思想的利器。

五代		北宋		南宋	元	明
1000			1200		1400

717年，日本人吉備真備奉命前往中國留學（唐玄宗年間），共歷時十八年，回國時將《孫子兵法》等十數種兵法帶回了日本，是中國兵法傳入日本的開端，同時也是日本兵學的濫觴。

第八世紀中葉，日本人發明日文片假名、平假名。

768年，查里曼成為法蘭克國王，想要重振羅馬帝國雄風，800年時，被封為西羅馬帝國國王。查里曼重視文化與教育，請學者制定一種特別的加洛林書寫字體。每個字相互獨立，是後來羅馬體的源頭。查里曼大帝有鑑於各種手抄本書籍不免疏漏，並且以訛傳訛，為了正本清源，因此要僧侶鑒別出各種書籍最早最權威的版本，然後根據這個版本，用他所制定的加洛林字體，精心謄寫，並打上特殊標記，表示這是精確複製的版本。

第九世紀，造紙術由中國傳入大馬士革，十一世紀傳到埃及，之後再傳到西班牙。

突厥人馬赫穆德・喀什噶爾（1008-1105年）以阿拉伯文字編成《突厥語大詞典》。

坎特伯里大主教聖安瑟倫（Anselm，1033-1109年）創立研究基督教教義的經院哲學（Scholasticism）。

1095，為了解救被土耳其人佔領的耶路撒冷，十字軍東征開始。前後共進行了八次，直到1291年結束，長達兩個世紀。

十一世紀，倫巴底的帕皮亞斯（Papias）編纂了一部拉丁文詞典，其中已有許多現代詞典的樣貌。阿維森納融合希波克拉底、蓋倫的醫學以及亞里斯多德的生物學，撰成了《醫典》，成為日後阿拉伯與西方世界的醫學經典。

十二世紀，希臘《文字源大詞典》編纂完成。

十三世紀，基督教成立「宗教法庭」，以迫害任何宣揚不符合宗教教義知識的異端份子，直到十九世紀因此而死者達50萬人以上。同時，《聖經》的語詞索引，開始使用字序索引編目法。同時，巴布士（Joannes Balbus Januensis）編輯了中世紀最具權威的百科詞典《正典》。

十三世紀中期，中國的活字印刷術傳入高麗，朝鮮最早發明了金屬活字印刷術。

中世紀早期歐洲的圖書館採用三藝、四學的類來分類圖書，三藝指「語法、邏輯和修辭」，四學指「算術、幾何、天文和音樂」。

眼鏡的出現有兩種說法，一種說是十三世紀義大利人發明的，一種說是中國人發明之後傳入西方。

天文、圖讖、應禁之書，敢私藏者罪之。」那「應禁之書」就因為不曾明言，所以也就包含了無限的可能，而這對書籍的創作與刊行確實達到了有效的遏止。而從明成祖開始就以殺伐來禁止那些涉及藝瀆帝王聖賢的詩詞、戲曲、小說，到了明英宗禁《剪燈新話》與明神宗禁李卓吾的著作等達到了高峰。

1507年，明孝宗弘治十七年，「嚴識緯妖書之禁」。

明朝中葉以後，籌算理論被系統化的珠算理論所取代，這使建立在籌算基礎上的古代數學逐漸失傳，程大位的《直指算法統宗》（1592年）問世，是珠算理論的大成之作。此後，中國數學開始被西方迎頭趕上並且迅速超越。同一時期，發明銅活字印刷。

1596年，李時珍耗時30年撰成《本草綱目》一書。

1621年，茅元儀歷時15年完成長達240卷的《武備志》，是中國篇幅最大的一本兵書。

1623年，艾儒略撰《西學凡》，介紹歐洲辦學育才之法，是西方教育學傳入中國之始。湯若望著《遠鏡說》，是西洋光學傳入中國的第一部書。

1637年，宋應星撰成《天工開物》，是中國第一部綜合介紹工業、農業的專書。

1639年，徐光啟（1562-1633年）撰成《農政全書》，顧炎武開始寫作《天下郡國利病書》。

徐霞客（1586-1641年）撰成《徐霞客游記》，是一部重要的地理學著作。

1668年，康熙關閉山海關，封禁東三省；咸豐十年（1860），此禁取消。

1701年，陳夢雷開始編纂《古今圖書集成》，至雍正六年（1728年）完成。後由蔣廷錫修訂，為中國現存最大的一部類書。

明成祖朱棣為轉移儒士們對其篡位一事的注意力，並滿足個人的讀書嗜好，下詔焚毀明惠帝一朝之史料，並於永樂初年（1403-1408年）命解縉等人編纂《永樂大典》。至永樂四年又命真人張宇初編校《道藏》，至明英宗祁鎮正統十年（1445年）竣工，稱為《正統道藏》，共計5305卷。至萬曆三十五年（1607年），明神宗命天師張國祥等續補《道藏》竣工，稱為《萬曆續道藏》。

永樂年間（1403-1424年），科舉考試統一以《五經大全》與《四書大全》做為法定課本，程朱理學成了束縛讀書人思想的新武器。顧炎武就曾對八股取士批評說：「八股之害，甚於焚書。」明代再有王陽明上承南宋陸九淵之學，而發展為心學。因流於空談，而被顧炎武將之與八股取士並論為明代滅亡的兩大主因。

《大明律》除規定「諸陰陽家為造圖讖，釋老私撰經文，凡以邪說左道誑民」之人都要受到懲處之外，更規定「諸陰陽家

明

1400　　　　　　　1500　　　　　　　1600

1302年，羅馬教會判處義大利文學家但丁（1265-1321）終身流放。

十五世紀，韓國世宗大王發明韓文。

1455，古騰堡在歐洲發展出活版印刷，五年後印製巴布士（Joannes Balbus）的《天主教義》（Catholicon），是歐洲第一本以印刷方式出版的詞典。

1492年，哥倫布發現新大陸。

1519年，麥哲倫率領一支由200多人、五艘船隻組成的船隊，從西班牙賽維利亞城的港口出發，開始了環球遠洋探航。1521年，船隊抵達菲律賓時，麥哲倫死於與當地土著的一次衝突。次年，他的船員完成了人類第一次環球一周的航行，證明了地球確實是圓的。

比利時解剖學家維薩里（Andreae Vesalit, 1514-1564年）因發表《人體的解剖》而觸怒教會，被教會強迫前往耶路撒冷懺悔，中途逝世。西班牙學者賽爾維特（1511-1553年）因發表的《論基督教的復活》一書中提及人體結構以及血液循環機制，而遭宗教法庭判處死刑，用小火慢慢燒死，歷時二個小時。

1532年，法國作家拉伯雷（Francois Rabelais）的《巨人傳》第二卷因宣揚文藝復興精神與攻擊經院哲學，被巴黎神學院宣布查禁，而參與出版此書的人都遭吊死焚屍的命運，只有作者本人僥倖逃走。

1545年，格斯納（Conrad Gesner, 1516-1565年）編制出版歐洲第一部大型書目《世界書目》（Bibliotheca Universalis），他將知識分為21大類，250個細目，書中按字序羅列1800個作者的著作、註釋與評價。

1559年，天主教會的羅馬異端裁判所出版了第一本《禁書索引》（Index Librorum Prohibitorum），列出幾百科神學作品和世俗著作，認為他們都會對羅馬天主教的信仰及道德造成危害。

1571年，庇護五世下令設立「禁書目錄部」，專門從事有關禁書目錄的編纂。教會不只頒發禁書目錄，而且著手燒書。

十七世紀，歐洲進入啟蒙時代。由於政治與法律意識抬頭，許多重要論著開始出現。而有關法律書籍的詮釋，成為西方另一個重要的閱讀系統。

1600年，布魯諾因為宣揚哥白尼的太陽中心說，而被教會活活燒死。

1609年，伽利略（1564-1642年）改良荷蘭眼鏡商發明的望遠鏡，以進行天文觀測，從而發現了太陽黑子與木星四衛。同時他也發明溫度計以測量溫度，並利用單擺的等時性來測量時間。

清聖祖玄燁於康熙四十九年（1710年）命張玉書等人編撰字典，歷時六年而成，稱為《康熙字典》。該字典分為214個部首，共收字47,035字，是古代字書的大成之作。

1718年，康熙用洋人之法測繪《皇輿全覽圖》，歷時十年而成，以西洋銅板刻印。又因天主教教皇敕令中國信徒不准祭拜祖宗，康熙就下令把教皇派來的公使送到澳門監禁。到雍正元年，更徹底把所有洋人都送往澳門監禁。中國自此與西方文化及知識隔絕兩百年。要到鴉片戰爭之後，才有所改變。

清高宗弘曆（1736年至1795年在位）自乾隆三十七年（1772年）始，於隔年設立「四庫全書」館，命紀昀、戴震等人編纂《四庫全書》。並於乾隆三十九年下令焚書，歷時近二十年。而從康熙、雍正以迄乾隆三朝，並大興文字獄，死者無數，為歷來之最。

乾隆、嘉慶時期，考據學派出現。考據學是相對於專講義理的宋學而言，除此外，針對其它關於文章、重視實證、重視漢儒經注、尊崇原始儒學、師法漢人鄭玄幾點而言，它又被稱為樸學、實學、漢學、左學、鄭學。王念孫、王引之父子則是標誌此學派達於顛峰的代表人物。

1791年，程偉元將曹雪芹、高鶚所撰《紅樓夢》120回本，首次用活字排印出版，被稱為「程甲本」。

1859年，美國印刷技師姜別利（William Gamble）在寧波美華書館改進中文活字規格，定出七種標準，奠定了中文鉛字制度的基礎。

1860年，新教教士在上海創立美華印書館，近代機器印刷輸入中國。

1862年，清廷在北京設立同文館，翻譯出版西方著作。

1872年，中國第一批留學生出國。

1894年，開始陸續發掘出土已經散佚多時的三體石經。

1897年，夏瑞芳、鮑咸恩、鮑咸昌、高鳳池等人在上海創辦商務印書館，揭開中國現代出版之序幕。

1898年，嚴復翻譯《天演論》。張之洞發表《勸學篇》，提出「中學為體，西學為用」的主張，西學之中，再分「西政」與「西藝」，而「西政急於西藝」，當時面對排山倒海而來的西洋知識與文化，這種主張雖然有其迫於時勢的理由，但也因此從本質上造成了「中學」與「西學」的割裂，以及「西政」與「西藝」的斷章取義，深刻影響其後的中國教育與閱讀觀念。

1899年，金石學家王懿榮因患痢疾而服食摻有「龍骨」（甲骨）的藥劑，而發現了甲骨文。

清

1700　　　　　　　1800　　　　　　　1900

英國哲學家培根（1561-1626年）著《新工具》，提倡用歸納法來認識自然界，並在書中批判了亞里斯多德的《工具論》及其中的邏輯學與三段論法。並為歸納的原理提出「種族假相、洞穴假相、市場假相、劇場假相」四相說，以及理解自然界的三種方式：「螞蟻式、蜘蛛式、蜜蜂式」以及三表法。並依人類的心理特徵出發提出知識的分類體系，將知識分為三類：記憶知識（歷史）、想像知識（詩歌）、理性知識（哲學）。

1625年，顯微鏡誕生。1665年，虎克在自己的著作中，已經談及自己藉由顯微鏡以觀察跳蚤的經驗，人類對於微生物世界的探索也由此展開。

1635年，日本驅逐所有外國人，開始鎖國長達215年。

1641年，巴斯卡（Blaise Pascal，1623-1662年）發明手動計算機，能進行加減運算。

牛頓（1642-1727年）與萊布尼茲同時獨立發明微積分，並獨自發現萬有引力與運動定律，同時也是經典力學最重要的奠基者。

1694年，萊布尼茲完成「萊布尼茲計算器」（Leibniz Computer），具有反覆進行加法的功能。

1735年，林奈（1707-1778年）發表《自然系統》，將自然界分為：「動物界、植物界和礦物界」，首創以植物的性器官為依據的分類法，並提出「綱、目、屬、種」的分類概念。

1751-1772年，狄德羅（Denis Diderot，1713-1784年）邀集孟德斯鳩、盧梭及伏爾泰等140名學者撰寫現代意義上的第一本《百科全書》，初版內文共17卷、圖11卷。

1769年，瓦特改良蒸氣機，為工業革命揭開序幕。

1831年，法拉第發明發電機。

1834年，巴貝奇利用穿孔卡片的自動控制功能設計出分析機模型，是電腦的先驅。

1859年，達爾文出版《物種起源》，因書中自然選擇的進化論，而觸怒教會，被紅衣主教稱為「畜生哲學」。1925年，美國中學教師斯柯普斯因宣揚達爾文進化論，而被法院判處有罪。

1867年，馬克斯發表《資本論》，索利斯（C.L. Sholes）發明打字機，同年，盲人點字書出現。

1869年，俄國化學家門捷列夫（1834-1907年）提出元素周期律與第一張元素周期表。

1876年，美國圖書館學家杜威提出「十進制分類法」（DDC）。此分類法以數字為分類標記，以字序為排列順序，除此外，杜威也將圖書排架的方式從原來的固定排架改為依據圖書類號來排列的方式。

1879年，愛迪生發明電燈。同年，德國人馮特（Wundt）在德國萊比錫大學建立世界第一座心理實驗室，開始用科學的方法研究心理現象，使心理學脫離哲學，因而被稱為心理學之父。

1895年，倫琴（Wilhelm Roentgen，1845-1923年）發現X射線。

1900年，發現敦煌遺書。八國聯軍攻入北京。

1912年，中華民國建立。民國元年李煜瀛（1881-1973年）與吳稚暉等人成立「留法儉學會」，李煜瀛同時也是第一個將法國《百科全書》引進中國的人，他並於民國十六年在第七十四次中央政治會議中提出設立「中央研究院案」，並與蔡元培及張人傑兩人合作起草中央研究院組織法。畢生致力於將世界文明引進中國。

1915年，商務印書館出版《辭源》，開了中文「百科辭典」的先河。

1917年，胡適在《新青年》上發表《文學改良芻議》，文言與白話之爭由此展開。同年，錢玄同在《新青年》上，刊載致陳獨秀的公開信，首次提出漢字書寫「豎改橫」的見解。

1919年，五四運動，將西方民主與科學思想引進中國。同時，文白之爭進入高潮，同時還有注音字母與國語羅馬字之爭。

1925年，成立故宮博物院，內分古物、圖書兩館，圖書館又由圖書、文獻兩部分組成。
1928年，公布「故宮博物院組織法」，故宮正式成為政府機構，院下分設古物、圖書、文獻三館。

王國維（1877-1927年）有別於當時的知識份子而提出了不應區別中學與西學的看法，並於1917年首次提出了同時利用地下文獻與地上文獻的交互考證方法也即「二重證據法」，因而被譽為新史學的奠基人。

1931年，瞿秋白、吳玉章等創制「拉丁化新文字」，此後又有「大眾語運動」。

1947年，二二八事件爆發。

1949年，國民政府撤退到台灣，並從北平故宮運出了百分之二十二的珍貴文物。1968，台灣故宮將典藏文物單位擴編為器物、書畫、圖書文獻三處。1970年，又在文獻處下增設圖書館。

1949年，中華人民共和國建立。同年七月，台灣發布《台灣地區戒嚴時期出版物管制辦法》。五〇年代，台灣進入白色恐怖時代。

1958年，中共人大通過「漢語拼音方案」。

1900　　　　　　　　　　1920　　　　　　　　　　1940

1900年，普朗克（1858-1947年）提出量子理論，1918年因此而獲得諾貝爾物理學獎。1905年，愛因斯坦發表光量子假說。1924年，玻爾發表《關於量子力學》，首次提出「量子力學」的概念。三人成為量子理論的奠基人。

1900年，德國數學家希爾伯特（1862-1943年）在第二屆國際數學家大會演講《數學問題》，提出了著名的23個數學問題，成為二十世紀眾數學家傾全力研究的對象。

1903年，萊特兄弟第一次飛行。

1905年，愛因斯坦發表特殊相對論。

1910年，魏格納（Alfred Wegener，1880-1930年）首次提出大陸飄移說。羅素與懷特海發表三卷本《數學原理》，為數學提供了嶄新的方法論。

1933年，印度圖書館學家阮岡納贊發明「冒號分類法」。希特勒擔任德國總理，開始對德國境內的知識份子進行恐怖迫害與殺戮。同年，德國政府發表禁書目錄，並於5月10日在德國境內各大城市進行焚書。

1943年，在美國軍方的支持下，由莫克利（John Mauchly）與艾克特（Presper Eckert）兩人率領小組人員花了三年時間，合力研發出世界第一台電腦「ENIAC（電子數值積分計算機）」。

圖靈（1912-1954）於二次世界大戰期間，為盟軍破解了德國密碼系統「Enigma」，為盟軍的勝利提供了絕大的幫助。此後並提出著名的「圖靈試驗」以用來檢驗機器是否具備了人類的智能，是研究人工智能的先驅之一。

1946年，馮紐曼（1903-1957年）提出「EDVAC」方案，提議以二進制取代十進制，並將程序當成數據予以儲存的想法。1949年，在《複雜的自動控制原理與組織》論文中則提出電腦程序的複製概念。這些都使得電腦的運算速度獲得巨大的提升，而這樣的一個概念也是日後電腦的設計原型，被稱為馮紐曼架構。

1948年10月，夏農（1916-2001年）於《貝爾系統技術學報》上發表《通信的數學原理》，因此成為信息論的創始人。同年，維納發表《控制論》，並提出著名的「負反讀」概念。同年，貝塔朗菲發表《生命問題》，提出他的一般系統論。以上三種理論，標誌著系統論的誕生，並被稱為系統論的「老三論」。

50年代初，美國盧恩首次將計算機用於關鍵詞索引的編制。

1953年，華森（J.W. Watson）和克里克（F. H. Crick）發現DNA的雙螺旋結構。

1954年，李約瑟出版《中國科學技術史》第一卷，並提出著名的李約瑟猜想。

1960年代起，台灣出現赴美留學熱潮，三十後大陸也出現了同樣的留美熱潮。

1966年，文化大革命開始，使教育處於停滯狀態達十年之久。數不盡的書籍化為灰燼，固有文化遭到極大的破壞，是中國文化的浩劫，也是人類文明的浩劫。

1972年，在銀雀山漢墓中發掘出許多古代典籍，其中兵書佔了很大的比例。除了《孫子兵法》之外，尚有《尉繚子》、《六韜》以及失傳二千多年的《孫臏兵法》及《地典》，還有從未聽聞的「〈守法〉、〈守令〉十三篇」等。

1973年，馬王堆漢墓出土《周易》、《老子》甲乙種以及許多醫學書籍等等從未見載的古籍。

1974年，發現秦始皇兵馬俑，使沈睡於地下二千多年的文物再次重現於世人面前。

1979年，朱邦復公布「倉頡輸入法」，次年與宏碁電腦合作推出「天龍中文電腦」，開啓中文電腦時代。

1985年，大陸終研發出能夠處理中文的電腦「長城0520微機」，使用區位碼為輸入法則。

1986年，大陸發表《簡化字總表》。1988年，發表《常用字表》、《通用字表》。

1987年，台灣解嚴，一方面撤消了政治的禁忌，另一方面也開放了社會。過去單一化的信仰體系與價值觀，一下子多元發展，出版與閱讀的叢林，藩籬盡除。黑暗的叢林，形同炸開了一個照明彈。

1993年，郭店楚墓出土《老子》、〈太一生水〉、〈緇衣〉、〈五行〉等竹簡。

1996年，長沙走馬樓出土三國時期十幾萬枚有關吳國政經、租稅、戶籍文獻之竹簡。

2000年，上海博物館從香港購得不知何時何地出土的戰國竹簡，共計有《易論》、《詩論》、《魯邦大旱》、《孔子閒居》、《樂書》、《性情論》、《曾子》、《彭祖》、《樂禮》等八十一種古籍。

2001年4月，中國歷史博物館和廣東省文物考古研究所宣布，開始對位於廣東省陽江海域的「南海一號」宋代商船進行大規模考古調查與打撈，並成立專責小組「南海一號沉船水下考古隊」。「南海一號」的發現被譽為可與秦始皇兵馬俑、敦煌與甲骨的發現相提並論，甚至可能因此成立「海上絲路之學」。

1960   1980   2000

1957年，蘇聯發射第一顆人造衛星。1961年，蘇聯太空人加加林首次成功乘太空船環繞地球89分鐘。1969年，美國人阿姆斯壯乘阿波羅11號登陸月球。

1965年，美國柏克萊大學系統理論教授柴德（Lotfi Zadeh）提出了「模糊邏輯（Fuzzy Logic）」的概念，也為人工智能的發展開闢了另一條途徑。

1969年，普里戈金提出「耗散結構理論」。1971年，哈肯發表《協同學：一門協作的學說》，提出協同理論。1972年，托姆發表《結構穩定性和形態發生學》，提出突變理論。三者被稱為系統論的「新三論」。而系統論則被譽為是繼相對論與量子論之後，最重要的理論。

1977年，美國航海家2號成為有史以來最成功的探測衛星。1979年到達木星，1981年到達土星，1986年到達天王星，1989年到達海王星。

1977年，Apple II問世，正式開啓個人電腦時代。1981年，第一台手提個人電腦「Osborne 1」上市，重24磅。

1981年，日本開始進行為期十年的第五代電腦計畫，希望設計出能處理自然語言與具備人工智慧的超級平行電腦，最後以失敗告終。

1989年，文學家魯西迪(Salm an Rushdie)因發表《魔鬼詩篇》而遭何梅尼下達格殺令，直到1996年格殺令撤消後，魯西迪才得返回印度。

1990年4月25日，在歐洲太空總署（ESA）與美國太空總署（NASA）的合作下，第一架太空天文望遠鏡「哈伯望遠鏡（Hubble Space Telescope）」發射升空，從此使人類的視野獲得深廣的延展，而對於太空的深刻認知也由此展開。

1990年代初，提姆·柏納李寫出了http程式碼、HTML語言、URI位址結構（後更名為URL）、WWW軟體，以及第一個Web Server，所謂WWW（World Wide Web）的時代才真正開始。

1994年，史丹福大學博士生楊致遠與菲羅（David Filo）合力創辦「Yahoo」。

1995年，貝佐斯（Jeff Bezos）創立全球第一間網路書店「亞馬遜書店（Amazon）」。

2002年，博士研究生宗波羅（Oliver Zompro）發現螳螂目（Mantophasmatodea），距離1914年發現公認的最後一個昆蟲目「蛩蠊目」，已經間隔了將近九十年。

2003年，中、美、英、日、法、德六國共同研究的所有人類基因圖譜排序宣告完成。

書籍的失傳與再現及相關現象

文—葉原宏

根據學者總結，古代圖書的散佚與銷亡主要有五大原因，分別是：火（自然火災）、水（載書之船沈毀）、兵（戰爭破壞）、禁（政府禁止、銷毀）、焚（人為火災）。除此外還有漸進式的，譬如後人的著作比前人的高超，於是前人的著作便逐漸乏人問津以致終告失傳，如曹操著《孫子略解》使其前之《孫子兵法》註釋全部失傳；或者由於為家傳之學或者流傳不廣，如徐光啓之《兵機要訣》；或者刻意加以排斥、掩藏，如韋莊的《秦婦吟》長詩；或者內容艱深，後人不明而不傳，如祖沖之的《綴術》等等。關於失傳書籍的再現則主要有三種原因，分別是：考古發現（如銀雀山漢墓竹簡）、盜墓發現（如汲冢書）、意外發現（如孔壁書、《兵機要訣》）等等。

而伴隨著古籍的失傳與再現的，也有兩種現象，分別是疑古與作偽。魏晉南北朝是作偽風氣最盛的時期，主要有偽《古文尚書》等。而辯偽的風氣則始自唐朝，如柳宗元（773-819年）即著有〈辯列子〉、〈辯論語〉等等辯偽文章。到了宋朝，理學、心學發達，主觀意識抬頭，再加上歷代的古籍此時多已散佚，宋儒們可見的古籍已經不多。在這種資訊缺乏、環節遺失的情況下，疑古風氣因而大盛。而其結果則是使許多古書、古人蒙受「偽書、偽作」之名達千年之久。而其所用的理由有很大的一部份是諸如「其辭鄙俚」之類的主觀價值判斷，不僅不科學而且不理性。一直到了二十世紀，在考古學家陸續發掘出數量龐大的竹簡帛書之後，雖然已經證實了許多原先被判為「偽書、偽作」的理由不成立，從而為許多的古籍與其作者平冤昭雪，但疑古之風並未就此結束。且疑古、辯偽居然成了新的成名捷徑，遭殃的仍然是古籍與其作者。中國社會科學院歷史研究所所長李學勤為此也曾撰寫專文，以呼籲學界走出疑古風潮，但效果不大。至於近代的作偽事件，最有名的莫過於1996年偽造的《孫子兵法》八十一篇，當時許多媒體初聞乍聽之下，不假思索便大加報導、信以為真。後來經過李學勤等學者檢驗過後始知其為偽造文獻，但此偽造事件也並未因此而劃下句點，在2003年的時候該作偽者捲土重來，舊酒換新瓶，將原本偽造的「《孫子兵法》八十一篇」換成「《祕本兵法》」以作為《三十六計》的「創始源頭」，而居然仍被許多媒體採信，真是令人不勝欷噓。

Part2 禁獵的歷史
The Other Side of the History

人類的「書仇」心理

從秦始皇到羅馬教皇到希特勒。

文—種沖

自從人類有書以後，世間遂多「書迷」（Bibliophile），「書癡」（Bibliolater），「書狂」（Bibliomania），於是，也必有「書仇」（Bibliophobes）應運而生。「書仇」的任務，是反對獵書，仇恨一切好書、讀書善行，反對傳播思想。大凡一個統治者為了便於統治，往往扮演「書仇」角色。這裡找一些歷史上出現過的「書仇」的故事說說。

也許因為中華文明實在源遠流長，好事壞事都得從中國自己說起，包括介紹「書仇」非文明在內。據說先秦商鞅變法，就曾主張「燔詩書」。後來，那位在上世紀六、七〇年代的中國備受稱讚的法家韓非說過，「故明主之國，無書簡之文……」，主張廢除書簡（無怪乎此公在中國「文化大革命」中如此受重視）。秦始皇統一中國後，開始出現了言論不大統一，尤其是儒生動不動要搬出《詩》、《書》等典籍來「是古非今」，於是丞相李斯提出，把違禁圖書全部一燒了之。請看當時的李斯建議的原文：「史官非秦記皆燒之；非博士官所職，天下敢有藏《詩》、《書》、百家語者，悉詣守尉雜燒之；有敢偶語《詩》、《書》者，棄市；以古非今者，族；吏見知不舉者，與同罪；令下三十日不燒，黥為城旦。所不去者，醫藥、卜筮、種樹之書。若有欲學法令，以吏為師。」秦始皇採納了這些建議，這就是中國後代所謂的「秦火」，「焚書坑儒」。從這裡開始，戰國以來形成的百家爭鳴局面一掃而盡。

◎

一筆帶過幾百年，下面說說西方的「仇書」運動。

撇開西方天主教早期活動不說，自從天主教統治西方世界以後，「仇書」活動便已產生，但是，當時還沒有印刷術，說不上有什麼像樣的「書」，要仇也無從仇起。到十五世紀中葉以後，出版業大為發達，有魄力的出版商在不到兩星期內便可以出版四、五百本圖書，於是教會開始憂心忡忡。1559年，天主教會的羅馬異端裁判所出

1933年，納粹進行搜書焚毀。

版了第一本《禁書索引》（Index Librorum Prohibitorum），列出幾百科神學作品和世俗著作，認為他們都會對羅馬天主教的信仰及道德造成危害。1571年，庇護五世下令設立「禁書目錄部」，專門從事有關禁書目錄的編纂。教會不只頒發禁書目錄，而且著手燒書。早在1309年，巴黎就禁毀了三大車猶太教典籍；西班牙於1490年焚毀了一個藏有六千卷書的藏書樓。到1596年，義大利僅一個地方就燒掉了一萬二千冊書。一個作家寫道：「到處都是燒書的大火，這情景使人想起了特洛伊大火，無論私人圖書館還是公共圖書館，無一倖免，有的館幾乎空了……」

不過，到這時候，畢竟已經有了印刷業，禁和焚是解決不了問題的。美國作家房龍（H.W.Van Loon）說，塔西陀早在西元一世紀就曾宣布自己「反對迫害作者」，因為「這是一件極其愚蠢的事情，查禁圖書與迫害作者的結果，只能是使那些根本就不會引起公眾注意的圖書，反而會因此備受矚目。」房龍的論斷是：「《禁書目錄》以事實證明了這個論斷是多麼正確。」「十六世紀的德國和低地國家的雄心勃勃的出版商在羅馬長期安插耳目，專門搜集被禁止或被刪節的最新書目，到手後便由特別信使跋山涉水越過阿爾卑斯山和萊茵河谷，以最快速度送達贊助人手裏。繼而德國和荷蘭的印刷廠著手工作，夜以繼日地印特別版，以高利賣出，最後由大批職業書販偷偷地運往禁令森嚴的國度。」

原來，以盜版對付「仇書」，由來已久。盜版自然可惡，但在這類具體場合，我們由不得讚美它了——雖然從事此業者多半只為牟利。

相當西方這一時期的中國，自然也出現一大批「仇書分子」。為圖簡省，這裡只說說清朝的事情。

◎

滿族入主中原之後，首先想法消除文人及其著作中對自己不利的話語。開頭自然大搞文字獄，典型的案件是莊廷鑨一案。這位莊先生編輯了一部書：《明史輯略》，被皇帝發現其中多「觸諱之語」，於是成為大獄，莊氏全家死七十多人。如此等等，不勝枚舉。然而清廷之禁書，儘管野蠻，亦有奇招，這便是以編纂《四庫全書》為名，搞了一個「寓禁於徵」的妙計。乾隆三十七年（1773年）皇帝一再發出詔旨，說什麼：「今內府藏書不為不富，然古今來著作之手，無慮數千百家，或逸在名山，未登柱史，正宜及時採集，彙送京師，以彰千古同文之盛。」說得何等光明正大。接著又說：「民間藏書，無論刻本、寫本，都要借抄，抄後仍將原本還給，豈可獨抱密文不欲公之同好。即或字義偶有觸礙，亦是前人偏見，與近時無涉，何必過於畏首畏尾」。並一再聲明：「書中即有忌諱字面，並無妨礙，或有荒誕字句，亦不過將書毀棄，傳諭其家不必收存。」

後來，見徵書收效不大，便露出猙獰面目，公然說：「明季末造，野史甚多，其間毀譽任意，傳聞異辭，必有抵觸之語，正當及此一番查辦」。並威脅說：「若此次傳諭之後，復有隱匿存留，則是有意藏匿偽妄之書，日後別經發覺，其罪轉不能逭，承辦之督撫等亦難辭咎。」

在清廷嚴辭恐嚇之下，全國各地搜獲之書，

第四世紀的君士坦丁大帝，因皈依基督教而大焚異教徒的書。

柏林洪堡大學對面的廣場上進行大規模焚書活動。剎時間，流風所及，焚書成風，僅僅萊比錫一座城市就燒毀五十萬冊圖書。納粹德國的宣傳部長戈培爾當著十多萬受矇騙的群眾說：「今晚，你們將這些來自過去的猥褻物丟入火堆，這是非常明智的做法。這是一個強有力的、偉大的、具有象徵意義的行動，它將正告世人，老舊的精神已死。從這些灰燼中將飛出新生精神的鳳凰。」一個檢查官在把弗洛伊德的著作擲進火堆時說：「為了對抗以心理破壞性分析為基礎的誇張潛意識驅力理論，為了人類靈魂的高貴，我將西格蒙·弗洛伊德的著作擲入火堆中。」

焚燒的圖書，當然首先是馬克思和許多共產黨作家的作品，如布萊希特、西格斯·德布林等，還有大量猶太作家的作品，如海涅、茨威格等，連愛因斯坦等自然科學家的作品也難倖免。至於歐美作家，如傑克·倫敦、辛克萊、凱勒等人的作品，自然也都付諸一炬。

魯迅先生認為，與秦始皇相比，希特勒的焚書，「首先是『非德國思想』」的書，沒有容納客卿的魄力；其次是關於性的書，這就是毀滅以科學來研究性道德的解放，結果必將使婦人和小兒沈淪在往古的地位，見不到光明。而可比于秦始皇的，車同軌，書同文……之類的大事業，他們一點也做不到。」但是焚書而外，希特勒似乎也有比秦始皇強的地方：如他不搞「坑儒」，而實行「驅儒」——把文化科學方面的精英人才驅趕到國外去。1933年8月，納粹當局公布第一批被取消國籍、「不受法律保護」的人的名單。1934年至1938年，一共發佈了八十四批名單，把五千來名科學

陸續進呈，計得一萬二千一百七十六種。這一萬餘種古籍，最後焚毀約八千種。另有各地呈作《四庫全書》底本者，由四庫館審定，其中應焚毀者，由四庫館奏准銷毀。二者相加，焚毀圖書約萬餘種。加之，民間為避禍自毀者更是不計其數。

「寓禁於徵」，不能不說是近代「仇書人」的一大發明。

再下面要說的，便是近代學者人人譴責的希特勒法西斯焚書。

◎

這次大洗劫離開現在時間不長，不過七十多年。1933年5月10日夜，希特勒煽動上萬名學生在

文化人士驅逐到國外，其中包括愛因斯坦、托馬斯‧曼、布萊希特、康定斯基等。這還不算把許多知識精英送到軍火廠做苦工，到前線挖工事。

1933年9月22日，在戈培爾指使下設立了德國文化協會，它的目的是：「為了抓好德國的文化政策，必須使各方面的創造性藝術家都集合在國家領導下的一個統一的組織中。不僅必須由國家決定思想方面和精神方面的發展路線，而且還必須由國家領導和組織各種專業。」

於是德國法西斯領導下的「仇書」活動完成了。

◎

從秦始皇到希特勒，種種「仇書」辦法都試過了，似乎有效，但最終又似乎無效。

英國作家喬治‧奧威爾（George Orwell）在《一九八四》一書中描述了一種「文明焚書法」：不用燒書，而成立一個「真理部」在書稿排校前予以扣檢，以保證書稿中的「不良的精神」被合乎時宜地改換掉。「真理部」糾集了一批有學問的人從事其事，從業者居然都是樂在其中，個個兢兢業業地工作著，下決心不讓一個「不良」詞句影響大洋國國民的理想。如是，書既有了，也可提倡讀書、愛書、好書了，但又不致讓「不良圖書」侵染國民的心靈。陳原先生也談到過這類情況：「關於書的厄運，好象總說不完似的。其實有些書還沒有形成的時候，就已經跑進鬼門關了。……原稿還沒有變成書，早就慘遭絞殺了。」（《書林漫步》）

這辦法，我們似曾相識。這究竟算是愛書還是仇書，且存一疑，留待後人分解。

本文作者為青年文化人　■

大陸禁書的故事

毛澤東、文革、與康生

大陸文革時期的焚書。
（台灣文史研究工作室提供）

在中國歷史上，統治者在讀書領地上精於狩獵的不多。「劉項原來不讀書」，是中國統治者的傳統。農民造反而成領袖，以至帝王，自然也知道要在文化領地實行暴政，卻實在不能精確地實行「全面專政」。所禁者，無非是一些非議自己的文字而已，當然要搞株連，那全靠那些拍馬屁的知識份子弄臣，自己識別的本領不會太大。因此，中國歷史上的統治者中少見高明的獵書人和禁獵者，於是禁獵政策也不會太高明、太徹底。

1961年，毛澤東在翻閱《魯迅全集》的情境。

到了毛澤東執政，情況大為改觀。毛澤東不能不說是中國歷史上極其少見的獵書能手。他在讀書界之精於狩獵，不在乎多，更在乎精，在於確實能從書中見出精義，從而為自己所用。他讀書的範圍，從政治、哲學、經濟、科學到文學，幾乎無所不包。就說中國的通俗小說，他不但在好幾十年裡反覆讀，更重要的是不斷見出新義。例如《水滸》，老人家讀了一輩子，有人說這部書是他「畢生事業的背景音樂，每到重要關頭就要轟然作響，反覆變奏」。（何平、朱學勤：《毛澤東晚年文化思想散論》）早在新民學會時期，他就建議會友讀一讀《水滸》。過了幾十年後，老人家對《水滸》鍾情依舊，只是看法更有新見，提出這部書「好就好在投降」，「宋江投降，搞修正主義」。「古為今用」莫過於此。

《水滸》如此，《紅樓夢》更惹他老人家喜愛。中國大陸的「紅學」，到五、六〇年代陡然興盛，原因在此。他的著名的讀紅心得是：「《紅樓夢》不僅要當小說看，而且要當歷史看。他（指

曹雪芹）寫的是很細緻的、很精細的社會歷史。……這部書寫了真正的社會歷史，暴露了封建統治，揭露了統治者和被壓迫者的矛盾，也有一部分寫得很細緻。」「我至少讀了五遍。我是把它當作歷史讀的。」「要看五遍才有發言權呢！」

不必再細述他對《三國演義》的興趣了。一位大陸學者，花了十來年時間，研究毛對《三國》一書的狩獵情況，終成《毛澤東讀三國演義》（董志新著，上海人民出版社2002年版）一大著，都五十萬字。毛在《三國》中十分欣賞的是「共青團員」周瑜，指出「年輕人打倒老年人，學問少的人打倒學問多的人」為一「普遍的規律」。講個笑話，據傳毛如果好幾天沒有吃到紅燒肉，會自己到廚房去問：「怎麼是不是最近張飛沒趕集了？」蓋張飛當年是殺豬的好手，他不趕集，毛就吃不到紅燒肉了。大陸飯館至今有「毛氏紅燒肉」一名荣，出典居然同《三國》有關，令人意想不到。

開闢「內部」狩獵場

這等獵書高手，一旦出於統治的需要，實行禁獵政策，自然精明非凡。毛的禁獵政策的一個顯著特色是同「思想改造運動」緊密聯繫在一起。歷代的中外統治者，從秦始皇到史達林，無論用什麼手段焚書坑儒，都沒搞過思想改造運動。因此，禁獵也者，無非是把某書某論「焚」掉而已。「思想改造」，卻讓你自覺地丟棄、鄙視某類或某本書，自動放棄狩獵。例如，某學者崇

拜、研究凱因斯有年，經過「改造」以後，發憤批判其人其說，到了後來，居然成了反凱因斯的大專家。以後若干年一旦凱公又被平反了，這位專家反而成了保守派，改不過來。原因無他，人壽幾何，豈能在一輩子裡對一本書、一個主張反覆肯定、否定呢？

禁獵的高潮，大家知道，是「文化大革命」。「文革」期間的「焚書坑儒」，至今已經算不出有多少書被禁。只知道起初大概只有《毛選》等十幾種書流傳，後來也搞「開放」（不是毛故去後說的那種開放），批准了一個《開放圖書目錄》，列出圖書千餘種。從1949迄1966，大陸出書至少十幾萬種，這就是說，百分之九十的書屬於「禁獵區」，這自然還不算1949以前出的大量圖書。與此相比，「從秦始皇到蔣介石，全都黯然失色」。（李洪林語）

不過，「文化大革命」也帶來另一個「狩獵」的高潮。原來，毛澤東不許別人「狩獵」，但自己卻是一貫狩獵不已的。他專門找一批人來出版一批內部讀物，供自己和高幹閱讀。「文革」之中，不少高幹倒臺，於是這類別稱「灰皮書」、「黃皮書」的獵物（其中包括德熱拉斯的《新階級》，《格瓦拉日記》，凱路亞克《在路上》，愛倫堡《自然、歲月、人》等等）流傳在外，成為一些青年的恩物，由此培養出一整批五○年代出生的改革家，他們至今稱道當年的這種「偷獵」經驗。另一個狩獵高潮是在1978年春夏之交，開放了《東周列國志》、《青春之歌》、《安娜卡列尼娜》、《悲慘

康生畫像（漫畫家丁聰作）。

世界》等二三十種書，立刻吸引了成千上百的人排隊購買。可見獵書實為廣大人民之需要。

從精於狩獵到勇於禁獵，自然有不少追從者。毛澤東身邊的人，如田家英，好書若命，在幫助毛獵書上厥功甚偉。可惜，此公過分注重「狩獵」，到需要禁獵時跟不上步伐，在文化大革命開始不久即自盡身亡。跟得上禁獵步伐的，首先可一提康生。這位1898年出生的老人，仕家出身，素有儒名，本人好書若命，可是禁起獵來，特別心狠手辣。他鼓動紅衛兵到處抄家，沒收圖書，專門點名去抄藉某某學人，將藏書通通沒收。他的高明還在於，由於懂行，專門巧取豪奪當年抄家得來的珍貴圖書。他在文革期間沒事就利用特權去抄家物資存放處「狩獵」，遇有難得的書，一律收歸己有。古籍專家傅惜華先生被抄走珍貴圖書八百多種，他去庫中一一細挑，盜走明刊本上百種。原來他饞涎傅藏已久，今日得償所願。由精明的獵人發展而為表面一本正經的禁獵者和暗地裏偷偷摸摸的偷獵者，應當說以康生為最了。

狩獵－禁獵的這場較量，到1980年才結束。是年四月，一位李洪林先生在《讀書》雜誌創刊號上寫了一篇文章：《讀書無禁區》。他指出：「歷史是公正的。對人和書實行『全面專政』的四人幫，被憤怒的中國人民埋葬了。在中國土地上春天又來臨了。」這篇公開號召獵書的文章以後又引起風波，那是後話，這裡不多說了。

本文作者為作家

台灣禁書的故事

《自由中國》、《文星》、《美麗島》與《資本論》的歷程

文—楊渡

買下第一本禁書

「如果你好好在圖書館走一走，幸運的話，你就會發現他借過的書。借書單上寫著『李敖』兩個字，這時候，你不要懷疑，趕快借出來，不要管它是什麼書，先借了再說，因為，你可以在他借過的書下面，簽上你的名字。想想看，你的簽名在李敖的後面，多有學問！你可以對別人說，你和他看同一本書啦！像我，就已經簽過好幾本了。」

那是1973年，我十六歲。進入台中一中的第一學

期，一個愛吹噓的地理老師就用一種非常神秘的口吻，在課堂上這樣講著。許多同學互相打聽李敖是誰，許多人在追問李敖到哪裡去了？

後來我們才知道，傳說中的李敖，在就讀台中一中的時候，就翻遍了圖書館的藏書，後來去讀了台大歷史系，一個被一中師長譽為「最有才華的人」，因為「思想有問題」，寫了一些批判當政的文字，被關進監獄。他的媽媽還在台中一中任職，好像在教務處或者什麼地方。

神秘的李敖，成為我們的偶像。許多人走遍圖書館，尋找他看過的書。

然而我們很快就聽說在第二市場附近的一家書店，可以找到他的盜印書：《沒有窗，哪有窗外》、《傳統下的獨白》。

這書店我們平時就在這裡買參考書，所以還算熟。但要去問禁書，我還是非常擔心，不知道自己會不會因為看禁書，思想有問題，被抓起來。去買書的那一天，我站在書店裡東看看，西翻翻，徘徊了一個多小時，等到老板旁邊的人少了，才趨上前低聲問：「老板，有，有沒有《傳統下的獨白》？」

書店的老板是一個身材高大的中年人，外省人口音，面容白白淨淨，戴一副深度近視眼鏡，坐在高高的櫃台後面，用一種陌生的眼睛打量著我。一個穿卡其色高中制服的男生，沒有買參考書，居然要買李敖，似乎有點奇怪。他停了片

雷震創辦於1949年的《自由中國》，是大陸來台知識份子所代表的自由主義的據點。1960年9月號《自由中國》發表社論〈大江東流擋不住〉，表示組織政黨的民主潮流就像大江東流，任何政黨也抵擋不了。9月4日，雷震以「知匪不報」和「為匪宣傳」的罪名被逮捕，判處十年徒刑，《自由中國》解散。

（台灣文史研究工作室提供）

（台灣文史研究工作室提供）

刻，面無表情的說：「是你要看的嗎？」

「嗯。」我點點頭，裝得像一個好學生。心裡只覺得非常害怕，像在被盤問。

「你知道這是禁書嗎？」他的口吻轉爲溫和一點，雖然不像在盤查，但語氣冷淡。

「我知道。」我老實說。

「那，還有另外一本，你要不要？」他依然面無表情。

我心底跳了一下，算算口袋裡的錢，就說：「好。」

他沒有回話，起身走到書店後面的倉庫裡，拿了兩本書，用白報紙包起來，再用橡皮筋套上，面無表情，但先觀望了四週，才塞給我，眼神透過厚厚的鏡片盯著我看，低聲說：「兩百元。」相較於當時的書，這價格簡直貴了一倍。但我連想都沒想，立即從口袋裡掏出錢，迅速付了。像生怕被發覺似的，立即收到書包裡，藏到最厚的一堆參考書後面，書包上還寫著「台中一中」的字樣。走出書店，我才發覺自己心跳得非常厲害。

即使坐在公車上，我還不敢打開。回到家裡，背著父母，我才悄悄的打開。粗糙的紙面黃色封皮，黑色的一行書名，沒有寫作者，內文一樣是簡陋的紙張和印刷，有些字體的油墨，還會印在手上。但我卻用加速的心跳，一個晚上看完了一本。

這是我第一次買禁書。第一次看禁書的感覺，和第一次跟女生幽會沒有兩樣。心跳加速，向禁忌的地方，不斷摸索前行。

買禁書變成我們的樂趣。只要有人說：那是一本禁書，立即大家搶購，怕買晚了，書就絕版。陳映眞的《將軍族》，就是這樣買來的。

暗娼街的羅曼·羅蘭

台中一中附近還有一個可以買到禁書的舊書攤，

雷震雖於1970年出獄，但他在獄中所寫四百萬字回憶錄卻遭查扣，後來並被焚毀。雷震於1979年去世，去世前兩年就他的記憶再重寫了三十萬字，後來在2003年出版為《雷震回憶錄之新黨運動黑皮書》。圖為他遭焚毀的原稿。　　（台灣文史研究工作室提供）

位在靠近福音街的路邊。老板也是一個退伍老兵。那年代，似乎有特別多的退伍老兵，散落在校園附近的角落裡。不是賣豆漿燒餅，就是綠豆稀飯，要不就開一個舊書店。他們可能原來是讀書人，只因戰亂，跟了國民黨的軍隊來到台灣。退伍下來，不知怎麼謀生，就在街道邊上開起舊書攤。

福音街是台中著名的暗娼街，街上有放十六釐米

黃色小電影的，也是招攬客人的三七仔，當然，那些暗娼會在黃昏的時候，坐在賣陽春麵的攤子前，蹺起雪白雪白的大腿，點兩三道小菜，呼呼的吸著麵條，一雙化了濃厚脂粉的眼睛，無神也無懼的望著街道的過往行人。

我站在那舊書攤前找書，卻往往被那些暗娼的身影所惑，忍不住瞇了眼睛偷偷去瞧。舊書店的老闆似乎也了解這個現象，賣的多是黃色小說，或者花花公子舊雜誌。那時的黃色小說印刷非常粗糙，與李敖的書沒什麼兩樣。內容多是嗯嗯啊啊，佔了兩三頁，看一本就夠了。我在國中三年級的時候已看過，興趣不大。反而柏楊的書，在這裡有賣。此外還有鄧克保（即柏楊）的《異域》，郭良蕙的《心鎖》，李宗吾的《厚黑學》，D.H.勞倫斯的《查泰萊夫人的情人》，以及據說是全本的《金瓶梅》。有趣的是，這老闆不知道怎麼進的書，竟有許多舊俄文學作品，從屠格涅夫、杜斯妥也夫斯基，到托爾斯泰、契訶夫。有一次，我竟在角落裡，找到羅曼‧羅蘭著的兩冊精裝本《約翰克利斯朵夫》以及《巨人三傳》。

這些翻譯書都沒寫翻譯者，但《約翰克利斯朵夫》與《巨人三傳》譯筆之優美，仍舊令人愛不釋手。後來我才知道，在那禁忌的年代，無論是作者還是譯者，如果1949年之後留在大陸，沒隨國民政府一起撤退，他們的書一律查禁。而羅曼‧羅蘭的譯者傅雷，正是那年代最好的譯筆。

那舊書攤老闆特別有趣，黃色書應是營生之用，賣得特別貴，而這些世界文學經典反而非常便宜。我有時候不免好奇，他到底懂不懂文學，為什麼會進這些書？為什麼這麼便宜的賣？但我不敢問。因為每一次我拿書去問他，他總是一副你要就拿去看的酷模樣。

而在那禁忌年代裡，不僅是傅雷，劉大杰的《中國文學發達史》，鄭振鐸的《中國文學史》，馮友蘭的《中國哲學史》都一樣，不管是哪一家出版，都不敢寫上作者的名字，要不就是改名。例如鄭振鐸改為鄭西締，而巴金所翻譯的克魯泡特金的作品，如《麵包與自由》、《我底自傳》，翻譯者都寫「巴克」。只因巴金是因崇拜無政府主義者巴枯寧與克魯泡特金而取筆名為巴金，既然有禁忌，變成了「巴克」。

被查禁的金庸

舊書攤尋禁書還不滿足，我們就進了台中省立圖書館。不知道為什麼，那裡還保留許多已經查禁的書。而早期的《文學季刊》、《現代文學》、《文星》、《自由中國》等，也可以找到，只是某一些期刊可能已被查禁，就找不到了。

多年後在葉榮鐘的雜文裡才讀到，1950年代白色恐怖時期，他曾在圖書館工作，工作的內容就是把圖書館裡關於三、四○年代未來台作家的作品、出版物、雜誌等等，以及日據時期有社會主義、社會運動、左傾色彩的書，全部找出來銷毀。他一本一本的查，一本一本的向那些平裝精裝的、飽含了思想和文學內涵的書告別。一個讀書人啊，還有什麼比這個工作更痛苦的呢？

然而台中省立圖書館終究保留了某一種開明的風氣。因為像李敖、柏楊的書，並非每一本都查禁。他們人已入獄，一般的圖書館都全面禁了。唯有台中省立圖書館，只拿下禁了的書，其它還保留著。比起我後來在其它圖書館所見的模樣，簡直好太多了。

台中省立圖書館對面是一排老眷村，搭著違建的矮小平房。聚集的老兵賣一些饅頭、大滷麵、小米稀飯之類的，中間有一家武俠小說出租店，老闆五十開外，東北大漢，個性有一種大兵的直爽。有一日，我聽說金庸的小說亦是禁書，平日從來不看武俠的自

己，也忍不住去租。一看非同小可，竟連續租了好幾部，看了一個月。當時的武俠小說是用報紙的紙張印刷，分成小本小本裝訂。一套《神鵰》，竟有二十多本。礙於押金太高，我得分兩次租，才能看完。但武俠看到一半，如同幽會中斷，心癢難當，如何停止？於是往往半夜熬到天明，一早就去續租。

因為查禁，金庸的許多武俠小說都是用了別名。《射鵰英雄傳》改名為《大漠英雄傳》，最有趣的是《鹿鼎記》被改名為《小白龍》，韋小寶被改名「小白龍任大同」，作者還寫了司馬翎。

角落裡的馬克思

禁書也是一種知識的壟斷。已經查禁，你硬是找不到。擁有者如同擁有武林秘笈「九陰真經」，他引以為傲，自己在家苦練，出來眩耀武技，三不五時引用兩句。你卻看不到，心癢難耐，痛苦難當。恨不能去他家偷出來看看。而愈是不傳，愈是讓人好奇。

上台北讀書後，某一天，大家在討論近代史。那時近現代史都是禁忌，中共黨史不知道，連國民政府自己的歷史也是改寫的居多，真實的少。愈禁愈好奇，大家一起研究。但歷史是要比資料的，沒資料，就沒有學問。

有一天，一個朋友忽然用眩耀的語氣說：事實上，中共不是這樣的，某某書曾這樣寫過……。大家聽到書名，心頭一驚，暗呼：那書我為什麼沒見過？

果然是一本禁書。於是趕緊的追問：那書可否借閱？擁有者答曰：「不行，那是人家借我看的。」

又問：「那是誰的？可否我自己去借？」

答曰：「這太敏感，不方便說。」

唉！算了，人家擁有《九陰真經》武林秘笈，你硬是沒辦法。

後來才知道，牯嶺街可以尋找到一些被賣出來的禁書；那些書大多老舊，可能因為某個人過世了，被後代不知情的人給賣出來了。有些書，則是要透過特別管道，有些特權，例如政大國際關係研究中心才能找到的。

重慶南路也是另一個管道。有一家書店位在地下室，表面賣學術書，但在櫃台後面另有一個書櫃子，藏著一些國外進口的新左派書籍。馬庫塞、魯卡其、托洛斯基等人的著作，就是在那裡找到的。

所幸，科技進步迅速，影印機的時代來臨了。朋友間不斷互相借閱，影印，竟成為知識傳播最快的方法，誰都禁止不了。

有一次，我在輔大圖書館逛呀逛的，實在沒什麼書可借，忽然在一處極低的角落裡，看到「CAPITAL」的大字。三大冊的精裝本，書非常老舊，彷彿被擺在角落裡一百年了。我心想，不會是他吧？拿出來一看，竟真的是馬克思的三大卷資本論。心中狂喜，實在無法言喻。但又擔心，這書，是不是情治單位留下的陷阱？我這是不是自投羅網？然而反覆觀看了很久，我還是無法放下。再看這書確實無人借閱，而且看起來像是有人把自己的藏書，全部送給了圖書館，圖書館不小心，或者不知敏感，才放進來的。當下，就借了出來。然而我還是非常擔心圖書館會因為我借閱，而發覺了這本書。為此我決定立即拿去影印。

為了怕在學校附近影印會被發覺，我還特地跑去台大附近，東逛西找，才找到巷子裡一家不起眼的店，看店的小姐還年輕，似乎不是讀書人，我希望她不會注意到這一本書是馬克思的著作，最好她根本不知道馬克思。

當時還沒有雙面影印，資本論第一卷印起來，竟成了五冊，有如連載武俠小說。我不管三七二十一，決定當它是「九陰真經」，回家好好練功。於是一字一字的查字典，逐句逐句的努力啃。然而，無論英文單

《文星》創刊於1957年，原先只是平穩經營，但是1961年11月，李敖投稿發表〈老年人和棒子〉，從此高潮迭起，1963年李敖再正式主持文星書店的經營，更為台灣的出版和閱讀立下了許多里程碑。1965年底，《文星》因「為匪宣傳」被勒令停刊。1971年李敖被捕入獄。圖為1981年時候的李敖。　（中時報系提供）

字怎麼查，文字似乎可以通了，但內容還是不了解。第一卷的第一冊就卡住了。這《資本論》果然是「九陰真經」，沒有一點內力和武學根基，真的行不通。

開始印禁書

在那禁忌的年代，馬克思、列寧等名字是禁忌，連許多姓馬的都遭殃。傳說陳映真被逮捕的時候，偵訊人員就問他：你家裡為什麼有馬克吐溫的書？

啊？被問者茫然了。

「那馬克吐溫不是馬克思的弟弟，不然是什麼？都是馬克什麼的。這代表你思想根本左傾。還不趕快招認？」

此外，還有人從國外帶回來馬克思‧韋伯的書，在機場也被查扣了。原因是：他怎麼也叫馬克思？

機場當然是一個進口書的管道。英文書還好，有些新左派的書，負責把關的人不求知，當然不知道。於是陸續有些新書帶進來。但中文書，尤其是三、四○年代的文學書，就很難帶了。於是我們有朋友想了不少怪招，讓香港的僑生帶回來。例如，把原書的封面給撕下來，再買一本瓊瑤的書蓋上去當封面。機場不查內容，就這樣朦混過關。那時，曹禺的劇本、艾青的詩集、沈從文的自傳，都是這樣「表裡不一」給帶進來的。

因為是禁忌，得來特別困難，我們也讀得特別起勁，有如在練功。彷彿擁有秘笈，再加上苦練，終有一天要練就一身絕技。

看禁書與玩禁忌的愛情一樣，是會上癮的。你越是要查禁，我越是要看。而且越禁越要偷偷摸摸，越偷偷摸摸，越是有趣。

現在回想，才知道影響自己最多的，可能不是那些學校規定的書，也不是正經八百的書，而是禁書。沒辦法，禁忌之愛，永遠有致命的吸引力。

由於大學生愛看禁書，買的人多起來，於是就有人開始偷偷翻印禁書。最初是台大附近傳出有人翻印外文書，後來政大那邊也傳出三○年代的文學選集，如魯迅小說選、冰心、丁玲等作品。那年代的學生較貧窮，在學校賣書可以賺一點外快，許多學生本來是幫正常出版社賣一些上課參考書，後來就乾脆賣起了禁書，而利潤似乎更大。

朋友之中有腦

（台灣文史研究工作室提供）

筋靈光的，動起了翻印好書，兼賺外快的想法。最初是找了一家名不見經傳的小出版社「全國出版社」，老板是一個面貌忠厚的人，知識上不是太靈光，但人很好相處。至於出什麼書，大家一片熱血、熱烈討論後，決定以思想經典為主，第一批翻印的是大陸時期出版的書，張佛泉的《自由與人權》，以及卡西勒的《國家論》，還有一本是新書，林毓生的英文著作《儒學的危機》。

我只記得大家拿到新書的剎那，興奮莫名，有一種幹「地下革命」的快感。後來似乎是老板對我們要出的某些書有意見，大家失望之餘，就少見面了。至於書賣得怎麼樣，誰也不知道。

朋友中還有比較大膽的，就動起了自己印書的念頭。反正印三、四〇年代的書，不必版權，而且似乎

政大那邊印了也沒事，何不自己來。至於出版社也不必管了，隨便掛一個「中國現代文學史資料」之類的，書就自己在校園發行，各校的學生朋友互相幫忙賣一賣就是了。

那時，路寒袖首先印了錢鍾書的《談藝錄》，後來又印魯迅小說選，為了怕敏感，改名為《樹人小說選》。此外，李疾有一陣子據說在學校賭博，輸了許多錢，他想賺一點錢還賭債，就去找詩人施善繼借了《新詩三十年》。那書本是香港出版的，道林紙張印刷，精美無比。李疾拿去直接製版印刷，換個封面，以平裝本出現，倒也有模有樣。但他本不是善於經營的人，對朋友又慷慨，朋友大家都收到了書，但錢似乎沒收回來。他賠了不少。蔣勳知道以後，還非常義氣的拿了一筆錢給他。我們都笑說：「蔣勳是用助印善

台灣本土政治力量，歷經戒嚴時間長期壓制之後，終於在1970年代後半進發開來。創刊於1979年7月的《美麗島》，是一個高潮。當年12月爆發美麗島事件，《美麗島》被禁，相關人員紛紛遭到逮捕。這其中所代表的，除了政治力量的作用之外，還有對台灣本土歷史、意識的壓抑。左圖為《美麗島》被查封後的景像。上圖為1987年，部份《美麗島》人士出獄後參加一場紀念之夜。　　（台灣文史研究工作室提供）

書的心情，來助印哩！」

自己寫禁書

　　禁書看多了，犯禁成為本能，自己也開始參與禁書的寫作了。

　　1981年，大學畢業不久，剛上研究所一年級，一個朋友參與了當時一本剛剛出刊就被查禁的《進步》雜誌。隨後，林正杰、謝長廷、陳水扁、藍妙齡四人首度以「黨外新生代」為標誌，參與了台北市議員選舉。我們都參與了助選。

　　助選中，我認識了陳庭茂。當時旅美學人陳文成因曾資助過美麗島雜誌，回台灣被警總約談，後來竟陳屍台大校園的事件，轟動一時。陳文成的父親陳庭茂也出來助選，控訴他兒子死於謀殺。選舉結束後，《深耕》雜誌準備出一本陳文成記念集，總編輯林世昱找我寫陳文成的弟弟對哥哥被約談前的回憶。訪談過

程相當長，我詳細的記錄了當時陳文成並無警總所謂的自殺傾向，而是充滿希望，而且警總在約談前，已經跟監很久了。顯然這是一次有預謀的行動，只是在約談過程中，很可能陳文成不合作，被警總刑求致死。我寫了約八千字左右的稿子。文章當然署名他弟弟的名字。

　　交稿那一天，林世昱看了許久，抽著菸，摸著額頭，彷彿頭痛無比，良久，才笑著說：「稿子是寫得很好。真的很好看。只是，嘿嘿，我得找他們一起看一看，要不要為這篇稿子，和警總打一架。」

　　「他們」指的是許榮淑、尤清、林正杰等民意代表。開會那一天，林世昱把稿子影印多份，發給他們當場看，以避免外流，並要當場決定要不要刪節，以避開敏感的情節。我坐在編輯部外面，有如等候審判。

　　會議結束，林世昱出來了，他用一種男子漢的口氣說：「好啦！大家決定為了你這一篇去打一架了。」

　　為什麼說「打一架」？因為當時的警總並無查扣未出刊書本的權利。依照出版法，得等到雜誌、書籍印刷裝訂好了，才算正式出版，如此才有查禁的權利。於是雜誌、書籍出刊時，他們往往守在印刷廠的門口，書根本還未出廠發行，就被查扣了。為了取回書，雜誌的工作人員就得守候在印刷廠，萬一他們出現，就兩邊衝突起來，一起來搶書。甚至連製好的

版，都一起被查扣帶走。而搶回來的少數幾本書，就變成海內外的孤本。印刷廠門口因此變成打一架的地方。問題是：誰去打比較可以讓警總客氣一點，不敢太囂張。

陳文成紀念文集出來的時候，許榮淑、尤清、林正杰等人全部跑到印刷廠門口，嚴陣以待，準備和警總搶書，並且通知了報社記者。但或許是因為陳文成的事件太敏感，引起美國的注意，又或者大家的動作太大，準備衝突的行動太明顯，警總沒來，架沒有打成，但書還是查禁了。

當時許多黨外雜誌常被查禁，就演變出新的對應辦法。總之，警總的人要的無非是向上級交差，所以明的是在某一個印刷廠印刷，警總也照例大張旗鼓的去查扣。但私底下還有其它印刷廠正秘密的印著。最後，雜誌即使被查禁，但市面上還是可以看到。像重慶南路、台大、政大、中南部等都有據點。賣禁書的書攤有一個習慣，記住常常來買禁書的熟面孔，只要是熟人，都會拿出禁書，說：「今天有一本新來的，要不要？」然後從一大疊雜誌下面，抽出一本，偷偷秀給你看。如果你要，就立即迅速包起來。你根本還來不及看內容，就買了。

由於市場需求太大，黨外雜誌銷路大好。即使警總在印刷廠查扣了一批書，還是大有利潤。黨外雜誌與各種禁書應運而生。

從翻譯的《宋家王朝》，到彭明敏的回憶錄《自由的滋味》，從郭廷以《中國現代思想史》，到三、四〇年代的文學書，甚至連簡明本的《資本論》都換一個名字如《政治經濟學》出現。台大新生南路上還有專門賣三、四〇年代，或大陸翻印書的地點。那時候還未有版權問題，翻印一本算一本。影響當時一代人的思想之深遠，實難以估計。

而它所突破的思想禁忌，以及對戒嚴體制的衝擊破壞，更是遠在黨外運動之上。應該說，它是為黨外運動作了思想上的準備。然而，情勢非常明顯，影印機、傳真機的出現已經讓科技突破思想控制的硬體設備，而地下印刷廠、市場的需求、社會的需要、開放的討論風氣、中產階級的興起等等，已經為這個思想的開放，準備好社會條件。當時的開放，其實是整體台灣社會轉變的開端。被查禁的書，就愈來愈少了。

閱讀的開放時代

古代書生上京趕考，往往寄宿在沿路的寺廟裡。寺廟往往有廟會，那一天，附近千金小姐就會來上香，於是在後花園和書生相遇了。他們只是這樣見一面，竟一見鍾情，愛得死去活來。有些情不自禁的，還躲在寺廟的香案底下，當場嘿咻。想想看，外有燒香禮佛，鼎沸人聲，香案底下是何等灰塵滿布，他們席地而臥，何等不浪漫，卻可以身心升天，當場相愛起來。這姑娘平日不出門，不知道性愛的危險，以為只要相愛就好。回家後一個多月，相思一個多月，才發覺懷孕了。而書生已經上京趕考去了。於是就發生了諸般生離死別、還魂離魂的故事。

以前讀至此處，甚為不解。以為這樣不浪漫的愛

情，怎麼會發生？後來才知道，古代禁忌太多，千金姑娘未出過家門，所以一看到書生，就驚為天人，頭昏了，才會一下子就愛得死去活來。如果在開放社會，平日姑娘與書生常常見面，多一些認識和選擇，就不會如此。

開放社會的好處就是如此，多了選擇，少了禁忌；少了禁忌，就不會為了禁忌而愛。台灣社會開放後，書多起來了。時報出版公司後來還出版了《資本論》外帶導讀。出書當時，出版公司總經理郝明義被老闆要求說：「有事情，你要自己負責。」然而社會

左派意識，在台灣長期被視同蛇蝎。因而和左派相關的書籍與閱讀，在戒嚴時間是禁忌中的禁忌，也因而產生許多「白色恐怖」。但即使在這樣的氣氛中，仍然有人長期不改其志。1987年，台灣解嚴，政治禁忌撤除。圖左為1990年一場二二八與白色恐怖犧牲者的追思紀念會。1991年，由中共馬列著作編譯局所譯的《資本論》在台灣出版，當時的說法是「靈魂的解禁」。

已開放，並未出事，還大張旗鼓開了新書發表會，成為一場告別過去的儀式。這就表明了台灣社會的漸趨成熟。

看到新出版的《資本論》，我真的百感交集。想到當初在圖書館的厚厚灰塵裡，找到英文本《資本論》的時候，內心的喜悅和緊張，比幽會還刺激；我用無限的熱情，當場借出來，並立即騎上「火鳥」（當時機車的牌子）一百的摩托車，奔赴台大，東轉西找的尋找小小的影印店；有如向上天借知識、取火種般的秘密之愛，翻開字典，死命吞讀起來，有如歐陽鋒偷偷練《九陰真經》……。

啊！那真是閱讀的黃金時代。每一個字都是黃金，都是偷來的知識，偷來的火種，都是禁忌的愛情，讓你在午夜夢迴時，還暗暗的再三回味。

一個開放的社會，竟是從這裡開始的……。　■

徐欽敏 攝影

一些禁書的理由

文—葉原宏

《詩經》

是中國最早的一部詩歌總集，主要由周朝各地的歌謠所組成。商鞅在秦國變法時提出，如果一千人之中有一人因爲研究《詩》、《書》而獲得官位與爵祿，那麼其他人就都不想耕種與作戰了；長此以往，國家必然要削弱而趨於滅亡，因而主張焚毀《詩》、《書》，是中國歷史上第一次焚書事件。

《十日談》

義大利文學家博伽丘著，因書中提倡人性、反對禁欲主義，且一百個故事之中有些故事的主角就是僧侶，因而引起教會的查禁與焚毀。於1559年，被教皇列爲禁書。

《君主論》

義大利歷史學家馬基雅維利著，是獅子與狐狸皮交會而成的權術之作。書中主張爲達目的君主可以不擇手段，因而被稱爲惡棍手冊。於1559年，被教皇列爲禁書。

《天體運行論》

波蘭天文學家哥白尼著，因書中反對亞里斯多德與托勒密的「地球爲宇宙中心說」，而提出「太陽中心說與地球繞軸自轉說」，因而對基督教產生了嚴重的打擊，於1616年被教會列入禁書目錄。

《紅樓夢》

是曹雪芹用一生去完成的小說，也是中國古典小說的登峰造極之作。同治年間，江蘇巡撫丁日昌兩次上奏將之列入「淫詞小說」並加以禁止，其實該書卻是因爲揭露了許多當時社會的黑暗面，故爲統治者所不容。

《物種起源》

英國生物學家達爾文著，書中因提出「自然選擇與適者生存」的生物進化論，而對基督教的創世說產生無比的打擊，因而被極力抵制，並在20世紀20年代以前受到歐美等國的查禁。

《悲慘世界》

法國小說家雨果耗時34年的長篇力作，深刻描寫了當時社會的悲慘景象，於1862年問世，造成轟動。但因書中涉及了許多宗教與道德問題，而被教廷於1864年列入禁書目錄之中。

《資本論》

德國哲學家馬克思與恩格斯合著，書中因鼓動無產階級對資產階級的鬥爭，而成爲社會主義者的聖經，同時也是資本主義國家以及反共陣營所極力查禁的書籍。1933年，首次被希特勒查禁焚毀。

《尤利西斯》

愛爾蘭小說家喬伊斯著，是意識流小說的典範之作。於1922年時，英、美等國以「淫書」爲由，下令查禁焚毀。該書以大片段的內心獨白深刻體現了當代西方社會由肉慾與庸俗所交織出的人性陰暗面，是其被禁的主因。

《抓間諜者》（*Spy Catcher:The Candid Autobiography of a Senior Intelligence Officer*）

是由曾任英國MI5（反情報工作組織）副局長的賴特（Peter Wright）所著的回憶錄。該書因爲詳細披露了英國情報機構內幕與偵察技術，以及反情報工作中的許多內幕消息，而被英國政府查禁。 ■

Part3
獵人們
The Hunters

找書像不像一場狩獵呢？可能挺像的吧，感覺上，尤其是其間最興奮和最沮喪的那些片刻。我沒辦法那麼肯定，不因為我沒找過書，而是因為我沒打過獵，這輩子活到今天很慚愧最接近的經驗是小學時在宜蘭河釣魚，也許真正該去問的是海明威那樣的人。

我所說閱讀行為中最興奮的一刻，是打算開始找書卻還沒真正開始行動的這段時間。有看過電影藍波或至少知道吧？整部殺過來殺過去不稍歇的神經影片中，最沈靜卻也最讓人屏息的，不就是軍人殺戮機器藍波整裝待發那一幕嗎？我們看著他繫上頭帶，肩上交叉掛好兩長排子彈，腰邊沒忘插把藍汪汪鋸齒鋒刀──後來以他為名的藍波刀，再掂量掂量手中那挺重機槍云云，你曉得接下來馬上有大事情要發生了，滿滿是風雷。

後來更好的香港電影，王家衛的《阿飛正傳》，片頭片尾也都是這樣的戲，阿飛型的年輕小鬼對鏡梳頭仔細打理自己一身行頭。不同的狩獵配備，不同的狩獵對象，這些香港無聊年輕人想打下的不再是飛鳥走獸，而是飛鳥走獸般的某個女孩，以及因此可能粉身碎骨的城市夜晚不回頭冒險。

找書，當然前提是你心中有事，有瞻望有疑問，所有行動因尚未發生，因此只能是想像，正

從狩獵到農耕──
我的簡易閱讀進化史

狩獵如此迷人，如此武勇豪情，
為什麼人們捨得讓它從人類歷史舞台上退下來？

文─唐諾

因為還停留於想像，所以什麼都可以發生，暫時還不必領教現實的嚴酷撞擊，不打折，不磨損，不挫敗。每隻獅子都應聲倒地，每個女孩都召之即來，每本書都靜靜躺在燈火闌珊處等你伸手去取，而且每一張乾淨的書頁裡都記著你要的答案，並準備好潔淨你從此開啟你全新的人生。這樣全都可能性百分之百的實現，遂讓這短暫即逝的瞬間延長下來而且璀璨奪目。

閱讀是很美好而且很容易的，如果不用真的付諸行動去找去讀的話──我的意思是說，即便今天現實世界中有關閱讀的不好消息持續傳來，但我個人依然堅信，我們缺乏的並不是隔段時日就想找本書來讀的如此善念，我們只是一次又一次陣亡於付諸實戰的種種困難，我樂觀的以為，這兩者是大有分別的，意念的火花若時時仍在，我們要對付的敵人於是只剩一半了，儘管很不幸這一半比較巨大，是難能撼動，不隨我們意志而轉的冷硬現實。

來到現實，沮喪的時刻於焉來臨。

我們冷靜一下自己回頭來問，既然狩獵如此迷人，如此武勇豪情，為什麼人們捨得讓它從人類歷史舞台上退下來？為什麼從主角降為龍套？為什麼人們甘願把自己奴隸般牢牢綁在土地上頭也不抬的耕作？甘願像《聖經》中耶和華的詛咒般辛苦流汗而放棄如鷹飛翔的自由遊獵呢？

飢餓，最原始的感覺

這本來不用特別回答，因為從狩獵採集進入農耕是人類歷史鐵一般無法回頭的普遍事實，但這裡我們還是再抄一次人類學家李維史陀的報告，這是《憂鬱的熱帶》書中他在巴西內陸南比克瓦拉人社群中的親身經歷：「家庭食物來源主要是依賴婦女的採集活動。我常和他們一起吃些令人難過的簡陋食物，一年裡有半年時間，南比克瓦拉人就得靠此維生。每次男人垂頭喪氣的回到營地，失望又疲憊的把沒能派上用場的弓箭丟在身旁時，女人便令人感動的從籃子裡取出零零星星的東西：幾顆橙色的布里提果子，兩隻肥胖的毒蜘蛛，幾顆小蜥蜴蛋，一隻蝙蝠，幾顆棕櫚果子和一把蝗蟲。然後他們全家便高高興興吃一頓無法填飽一個白人肚子的晚餐……。」

也就是說，狩獵是極不穩定的食物供應方式，純粹以狩獵維生的大多數時間總是處於飢餓狀態，不管是契訶夫小說裡沒土地可耕種的可憐舊俄獵戶，或非洲草原上的獅子──閱讀是不是也這樣呢？很不幸是的，現實總不吝於澆我們各式各樣的冷水，你要的書可能太少人讀對不起書店不進貨，可能早已絕版（如賈西亞‧馬奎茲的訪談集《番石榴飄香》），可能根本未譯成中文（如葛林的《沒有地圖的旅行》），可能書找到了卻不符你原初的想像，沒有你渴求的答案（太多次

斷簡之一：三年一箱書

三十五年前的秋天，我離開城市去當農民。記得那天下雨，天色沈甸甸的，陰雲好像扯也扯不開，風捲著細雨斜斜地漫過來，空氣中就有一種憂鬱。我告別家人的時候，並不像徐志摩告別康橋那麼輕鬆，「揮揮手不帶走一片雲彩」，我帶的東西很沈很沈，左手提著足以過多的行李卷，右手拎著一個很重的樟木箱。

書林穿行斷簡

箱子變得很輕，書已經沒有了，那一行行的字、一首首詩和一個個故事，
化成讀書精魂駐紮在心裡。

文—葛兆光
攝影—賀新麗

箱裡裝的，是我後三年天天翻看的書，現在想想，還記得的書裡面，有一套說不清楚什麼版本的《石頭記》，因為前面缺了好幾頁，不過後來三年裡成了我的鎮箱之寶，在那個年代裡，「夜深挑燈看禁書」，沒有革命說教的書反而「奇貨可居」似地身價百倍。有半套劉大杰的《中國文學史》，說半套太誇張，其實三冊裡只有一冊，還缺了好幾頁。還有兩本封面已經看不清楚的《宋元學案》、《明儒學案》，到了很久以後我才知道《宋元學案》只是半部，其實還缺了卷五十一以下的一冊。此外，還有當時年輕人最愛讀的三部英雄主義小說《斯巴達克思》、《牛虻》、《鋼鐵是怎樣煉成的》。後來的三年裡面，這些書成了我煤油燈下的伴侶，在閱讀中，我可以時而很革命地想像著世界「四海翻騰雲水怒，五洲震盪風雷激」，彷彿「不窺牖，知天下」，時而很哀婉地想到「年年歲歲花相似，歲歲年年人不同」，被一首《葬花辭》借去半天的心思，時而又被歷史挾裹著情緒沈浮，快意地念誦著「卻看妻子愁何在，漫卷詩書喜欲狂」，和杜甫一起經歷大喜大悲。

在那個時候，這些很希罕的書也是可以互相借的，畢竟都是同命運的人，所以一千多天裡面，這些書被周圍二三十里的朋友借來借去，從這一寨子到那一寨子，漸漸越借越少，直到有一天，它們終於再也找不見了，也正是這個時候，我離開了那個一千天我日日相處的苗民和苗寨。走的那天，天還是下雨，天色仍然沈甸甸的，我左手拎的還是那個行李卷，右手拎的還是那個樟木箱，可是箱子卻變得很輕，書已經沒有了，那一行行的字、一首首詩和一個個故事，化成讀書

精魂駐紮在心裡。

斷簡之二：書林穿行

四分之一世紀以前，我從貴州考進了北京大學。也許是讀大學時，已經快到而立之年的緣故罷，那時候的人，彷彿格外珍惜讀書的機會，我可能是北京大學圖書館最勤快的讀者。那時北大的學生好幸運，學生的借書證，居然可以借十函線裝書，於是，絕不讓它有半天的閒置，每次到圖書館去，都是用網兜扛出一大堆來，幾天以後，匆匆地又扛一大堆去還，害得圖書館員支起老花眼鏡，從鏡框上用疑惑的眼光打量我，心想，到底這傢伙是真的看，還是借來還去，扮演狗熊掰棒子的把戲做做樣子？其實，怎麼會是做樣子，那個時候，看書好像瘋了一樣，在苗寨昏暗的煤油燈搖曳之下，也能看他個三五小時，何況是在大學宿舍明亮的日光燈下！

常常在北京大學圖書館的書庫裡穿行。那個時候，好多線裝古書在很長時間裡都沒有人翻看過了，上面積滿的灰塵常常會讓人噴嚏連連，苦不堪言，不過，看書，看古書，看沒有人看的古書仍然是一種愉悅，除了看書的愉快，也有過意外的發現，放在塵封已久的書庫裡的書中，有時會夾了一些名人當年偶爾遺忘在書中的便條和書簡，這些便條或書簡夾在書裡幾十年，也把往事塵封了半世紀，被我偶然地撞見，常常讓我有尋寶得寶的驚喜。一次，看到一位已經過世的老先生當年給胡適的信，信上卑躬屈膝地央求胡適，

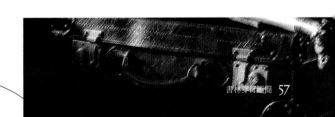

能否給剛剛畢業的他找個差事，頓時讓我想起後來他嚴詞批判胡適的事情，不由得產生世風日下人心不古的感慨，但稍稍也有一些窺破人心後不夠厚道的竊喜。

看書也有悵然若失的時候，我當時重點看宋人文集，自以爲看得前無古人地多，但當年北大圖書館所藏很多宋人文集的借書簽上，卻都簽有「錢鍾書」三個字，也許是當年他做《宋詩選注》時的記錄，這讓我彷彿有「崔灝題詩在上頭」的感覺，直到翻得一冊沒有錢先生題字的書，才噓出一口氣，好像發現一部錢先生沒有看過的宋人文集，也彷彿是一個大發現似的，不過，這種發現似乎不太多，這時才體會到前輩學者讀書範圍的廣大。

在這種閱讀中過了二十五年，漸漸地沒有了炫博爭勝的念頭，只是仍然一本一本地看。看書成爲一種習慣，習慣如果很頑固，就彷彿上癮，「癮」這個字用了「病」字作偏旁，眞是有它的道理，妻子打趣說，現在我好像一天不看書，就好像煙鬼沒有煙抽一樣，覺得欠欠的，心裡好像空了一塊兒。書林中的穿行，似乎成了日常功課，紙上的旅遊，往往比地上的旅遊更開心。今年到臺灣大學來，便一頭紮進圖書館，因爲這裡有當年日據時期臺北帝國大學購置的好多日本早期雜誌，在密集書庫中一本一本翻，撲面而來的是舊時紙張油墨放久了以後特有的微微黴味，在這種氣味中我想起百年以前的往事，不免又隨著歷史重走一遭。

斷簡之三：旅遊、圍獵和偵探

說到閱讀，陸續想起來三個比喻。

先想到的一個，是參加旅行社的旅遊者，一大隊人由導遊帶著在書林裡瀏覽隨喜，讀不讀得到好書要看導遊是否盡心，不必太懷疑這種導遊的意圖，旅行社的導遊大都有一個固定的套數，成了套數的路線選的是公認的景致，雖然未必眞實，卻總是大致不差地讓你滿足「到此一遊」的願望。跟著學術導遊和導讀走，這是普通讀書人的路數，看看歷來的「導讀書目」，也看看年年要評的「十大好書」、「必讀書單」，想起的是梁啓超、胡適之這些人開出的「最低限度閱讀書目」，雖然讓魯迅狠狠地挖苦一通，但是這些青年導師大體上並不是有意害人的人，不妨跟著走上一趟。

當然這是一個不錯的方法，我前兩年就當過這樣的角色，有一次是應邀給暑假讀書郎開書目，想了很久才知識與興趣兼顧地開出十一種（不知道爲什麼是「十一」），想了很久，說明我還是眞心實意地想貢獻一些經驗。不過，套用胡適之的一句話，讀書被人牽了鼻子走，終究不是好漢，所以更上一層的，是讀者自己在書海裡尋覓，於是，這裡就有了第二個比喻，就是獵場秋狩的打獵人。看英國人打獵是一件很有趣的事情，大概就像當年我們清朝八旗的木蘭圍獵罷，大規模地包圍和驅趕，雖然不像殷墟卜辭和《逸周書》裡記載的每次都能獵獲若干虎鹿，但總是可以尋到一些狐兔。這比喻的是自己到圖書館去訪書，或者到舊書攤裡尋書，整日價地穿行在圖書的密林裡面，有時眼睛一亮，找到三兩種喜歡的書或者有用的書，有了收穫，便掌得勝鼓而去，一騎絕塵。

這是最愉快的閱讀者，沒有強迫性的耳提面命，沒有功利性的計算考量，興趣是唯一的指標，愉快是最後的收穫。但是，對於我們這種職業讀書人來說，那彷彿是奢侈的閱讀，絕不是我們這種專業的閱讀者。那麼，我們是什麼讀者呢？這裡就有了第三個比喻，就是我們這種閱讀者彷彿是專門職業的偵探。左抽右繹，上下求索，當年傅斯年說「上窮碧落下黃泉，動手動腳找東西」，找什麼？找破案的線索，於是閣樓上翻翻，弄得滿身塵土，垃圾裡找找，惹得一團臭氣，找到了興高采烈，找不到垂頭喪氣。記得有一年我在北京柏林寺的圖書館看清代所刻的舊書，外面雪花飄飄，屋裡煤氣熏人，偏偏翻的書裡蟲眼伴著黴味，讓人直打噴嚏，八小時過去，天色擦黑，卻沒有找到半個線索，於是這一天心情鬱悶。

斷簡之四：書事記幸

心情鬱悶固然免不了，但是意外驚喜也不少。偵探式的閱讀，常常已經進入專業研究，專業研究其實是苦事，因為它必須錙銖必較，尋頭覓縫，把賞情樂事變成自我折磨，把養情怡性變成智力考校，人與書過不去似地想穿透紙背。唯一的愉快，就是在「踏破鐵鞋無覓處」的時候，突然「得來全不費功夫」地找到線索，使案情豁然開朗。

說起來，像古典學者瓦拉（Lorenzo Valla）以精密的語文學文獻學推翻「君士坦丁封賜」（The Donation of Constantine）的歷史、商博良（Jean Francois Champolion）從阿布辛勒神廟銘文破譯埃及古文字從而打開古埃及大門的幸運，並不是常有的事情。不過，偵探式的閱讀者也常常有意外的驚喜。我自己記得很清楚的有兩次，一次是在法式善的文集中偶然發現內府《全唐文》的線索，從而步步推演，順藤摸瓜，確定現在的清朝官修《全唐文》原來借用了海甯陳氏早年編的《唐文》為底本，並不全是清朝官方學者的辛勞，那是20年前的事情，剛剛出道就有所斬獲，這讓我至今感到很得意。一次是在日本大阪關西大學圖書館發現王國維先生《殷虛卜辭所見先公先王考》的手稿，從而知道近代學術史上這篇最著名的論文，現在通行的版本都沒有後面的《餘論》，所有的研究者都不知道這篇《餘論》的存在，然而他送給內藤湖南的這份手稿後面，卻附有這一段思考很深的文字，頓時讓人明白，其實看似細碎的考據背後有一個很大的理論支撐，看似傳統的方法背後有極現代的想法，這真是學術史上的一大因緣。記得剛剛看到那手稿的時候，高興得彷彿掘到金礦。

混雜著艱辛和愉悅，時而心煩意亂，時而興奮莫名，有時面對書山厭煩得幾乎無法繼續下去，但是有時又如癮君子一樣對書本戀戀不捨，可是閱讀就是「命」，「命」可以有很多種含義，它是「命運」，也是「宿命」，人有時是很奇怪的，視作「生命」的東西，有時未必是最快樂的，相反有時它好像是折磨人的，「偏偏是你冤家，磨得人好苦，卻是喚作相思」，一個以學術為職業的偵探式閱讀者的精神，大體皆是如此。

2003年12月24日於臺北

本文作者為北京清華大學人文學院教授

Alice's Adventures in Wonderland

《愛麗絲夢遊仙境》之
狩獵閱讀始末

愛麗絲經常用食物來調整自己的尺寸，說明了什麼？

文—朱衣　攝影—徐欽敏

關於閱讀愛麗絲這個小女孩的故事，對我來說也是很個人的生命故事。

這一切要從我兒子的名字開始說起。我的兒子是個很執著的人，也就是說從小他對與自己有關的事情都很有主見，有一天他看到麥仁杰畫的一本漫畫書，書中的主角名叫麥小寶，他很喜歡這個角色，就決定要改名叫麥小寶，同時通知全班同學要改口叫他麥小寶。最後連老師都相信了，還打電話來問我他是不是改名字了？我連忙說明清楚，才算平息了一場改名風波。

其實兒子的個性也不能怪他，說起來我自己也挺愛改名字的。我的英文名字愛麗絲就是在陪兒子看卡通的過程中獲得的靈感才改的。當時《愛麗絲夢遊仙境》是兒子很愛看的一部卡通，他可以一遍又一遍的百看不厭。在陪他看卡通的過程中，我發覺愛麗絲是個很有趣的角色，這個小女孩腦中充滿奇思異想，對天地萬物都有獨特的觀點，尤其是其中一段瘋狂下午茶會更是讓我印象深刻。當時我正想要取一個英文名字，過去雖然用過一些名字但都覺得不適合（這可能也是兒子想改名為麥小寶的原因），現在愛麗絲這個角色剛好合乎我的心情與感覺，從此我就決定用愛麗絲當作英文名字了。但是這時候的我跟《愛麗絲夢遊仙境》之間還只是卡通角色與名字雷同的關係，並沒有進一步的了解。

愛麗絲的神奇角落

數年之後，為了陪兒子到國外唸書，我搬到紐西蘭去住。在西方世界的書店裡，我第一次展開了閱讀的狩獵之旅。西方世界的書店是個有點像百貨公司的地方，裝潢美觀，光線明亮，種類齊全，而且有休息的地方，讓每個人都能盡情的欣賞各種知識、書籍，也不會有人給你白眼看。我立刻被這樣的書店迷住了，每個週末逛書店變成我感覺最快樂的時光。

就在書店閒逛當中，我找到一個很神奇的小角落，竟然都是一堆跟愛麗絲有關的書籍——愛麗絲的下午茶譜、愛麗絲的筆記、愛麗絲的經典原著等等，原來這個小小的童話中的女孩已經成為一門學問，百年來仍然讓人念念不忘。看到這些琳瑯滿目的作品，我對愛麗絲開始更有興趣了。我還發現全世界有許多愛麗絲迷，以網路來說，就有數不清的網友在網路上交換彼此的心得。更有許多國家有出售愛麗絲相關產品的店面，英國牛津大學也有相關的紀念建築物。

當然，首先我是從個人較感興趣的下午茶開始研究的，或者應該說是在研讀了《愛麗絲夢遊仙境》中的〈瘋狂下午茶會〉（*A MAD TEA-PARTY*）這一章之後，才開始研究西方世界的花草茶。在〈瘋狂下午茶會〉的開頭，作者路易斯‧卡羅寫著：

那張桌子很大，他們（三月瘋兔、瘋帽子和睡鼠）三個卻擠在一個角落。「沒空位了！沒空位了！」他們看見愛麗絲走來，對她叫道。愛麗絲生氣的說：「位子

多得很！」她在桌子頭上一張大靠椅上坐下。

「喝點酒吧！」三月瘋兔般勤的招呼。

愛麗絲往桌上看了一下，除了茶，什麼喝的都沒有。她強調說：「我沒有看見酒哇！」

三月瘋兔說：「本來沒有酒。」

愛麗絲很不高興的說：「你這樣請客太不禮貌了。」

「沒人請你坐，你自己就坐下了，你也不怎麼有禮貌！」

「我不知道這是你的桌子，」愛麗絲說，「桌上擺了很多杯子，不光是給三位用的呀！」……

由這個開頭可以看出來，這個下午茶會確實有點瘋狂。而我也因為閱讀了這一本有點瘋狂的書，也展開了個人的「瘋狂之旅」——我不但重新翻譯了《愛麗絲夢遊仙境》，也寫了幾本跟愛麗絲有關的書。而且每到一個陌生的國家，我也一定會到當地的書店去搜尋是否有跟愛麗絲相關的書籍或紀念品。

童話故事外的殘酷世界

此外，從閱讀與搜尋《愛麗絲夢遊仙境》相關的書籍資料當中，我發現了一個很有趣的觀點。路易斯·卡羅（1832-1898）生存的年代，正好是英國維多利亞時代（1837-1901）。那是工業革命剛開始不久的時代，英國運用煤炭與蒸氣機生產，而不再運用人工、動物勞力或風車、水車之類的力量。工廠四處林立，機器產品代替了人工產品。原始的風力或動物勞力根本無法與蒸汽機持續不斷的力量相抗衡。工廠創造了新興的都市，工人都移居到大都市中，好方便在工廠中工

作。因而英國成為超級的強權，在全球都有殖民地，包括加拿大、美國、印度、澳洲、紐西蘭、馬來西亞、香港、斯里蘭卡、緬甸及辛巴威等國家。這個大不列顛帝國號稱「日不落國」（The empire on which the sun never sets），共有五億人口，佔當時全球人口的百分之二十五。這使得英國成為全球唯一擁有工業化超強力量的國家。英國擁有「全世界的工廠」，可以既快速又便宜地生產各種產品，也擁有「全世界的市場」，可以更低廉的價格將一地的產品推銷到另一個國家去。

但是到了1870年代，美國開始崛起，逐漸建立自己的工廠，進行工業化。德國等歐洲國家也開始這麼做。這樣的競爭使得大英帝國的力量減弱了。1873-1896年之間的大蕭條危機，更是致命的一擊，使得英國在全球擁有的權威力量為之劇減，英國工業化之後的種種社會問題也因之浮上檯面。

路易斯·卡羅的《愛麗絲夢遊仙境》，有許多面向可以解讀。一方面，可以說他是創造了一個動人的童話世界，另一方面，也可以說他提供給讀者一個迷人的維多利亞時代的社會面貌，以暫時逃離這個社會中出現的種種問題。他所說的故事就像是在為這些問題分散了注意力，而他所創造的愛麗絲及其想像中的世界，就是讓讀者有一個機會去反省與評估這些問題。我讀《愛麗絲夢遊仙境》，先是注意到愛麗絲經常用食物來調整自己的尺寸（譬如第一章〈跌進兔子洞〉及第四章〈白兔派來的小比爾〉、第五章〈毛毛蟲的建議〉等等），因而開始好奇路易斯·卡羅是否想表現什麼有關飢餓的問題，後來一路追尋下去，發現他果然是在描繪當時社會的飢餓、營養失調的問

題，以及那個社會裡的生存危機——只不過，他書寫的時候，交錯運用了機智、風趣與不致太過沉重的心情。

像畢業於美國布朗大學的學者丹諾特勒（Dan Ratner）在專門研究維多利亞時代問題的網站「The Victorian Web」中，寫了一篇文章「《愛麗絲夢遊仙境》中維多利亞時代的飢餓與營養失調的問題」（*Victorian Hunger and Malnutrition in Alice in Wonderland*），文中引述了由當諾爾蓋瑞（Donald J. Gray）所編輯的諾頓版（Norton Critical Edition 33）的《愛麗絲夢遊仙境》第四章〈白兔派來的小比爾〉中的一段。這一段裡，愛麗絲與一隻小狗玩耍過後心想著：

「『我差點忘了我得快長大才行。怎麼辦呢？我想我得再吃一點或喝一點什麼東西吧！問題是，吃什麼呢？』最大的問題當然就是『什麼』。愛麗絲四處看看，看那些花呀草呀，可是看不出有什麼東西像是該吃或該喝的。」

丹諾特勒認為這個片段說明了維多利亞社會充斥著食物匱乏的問題，許多有關維多利亞時代的文章討論到這與當時的社會政治情況有關。在1830-1840年代，當時非常缺乏食物，各種食物的價格都非常昂貴，一般人無法負擔得起。愛麗絲所找到的蘑菇可能就是當時人們的一種食物來源。後來我再發現相關的問題已經是許多學者討論研究的議題了，譬如美國布朗大學歷史教授安東尼威爾（Anthony S. Wohl）在1983年就曾經出版過一本《瀕臨危機的生命：維多利亞時代的公眾健康問題》（*Endangered Lives: Public Health in Victorian Britain*）。而丹諾特勒的看法顯然出自此處。

能從路易斯‧卡羅創作的年代背景來重新閱讀這本書，又讓我展開一個全新的視野。如果飢餓是當時的一個主題，愛麗絲所有跟食物有關的片段，那個瘋狂的下午茶會就不只是有趣好玩，還帶有當時的時代訊息，令人深思。譬如在〈瘋狂下午茶會〉一章中有另一段文字：

「講個故事來聽聽。」三月瘋兔說。

「是啊，請你講個故事。」愛麗絲也央求他。

「你最好快講！」瘋帽子說，「不然哪！故事沒講完，你又睡著了！」

「從前有三姊妹，」睡鼠急忙開始，「她們的名字叫艾西、菜西和媞莉。她們住在一個井底——」

……

愛麗絲想這到底是個怎麼樣的生活，可是她實在想不出來，所以她又問：「她們為什麼要住在井底呢？」

「你加點茶吧！」三月瘋兔很殷勤的對愛麗絲說。

「我根本一滴茶都沒喝到，」愛麗絲不高興的說，「我怎麼能『加』一點？」……

從一個全新的角度來看這段文字，我就能體會出愛麗絲所關心的吃喝問題果然並不單純。當然除此之外，這本書中還有許多與當時的教育、階級問題有關的等等議題，都還待我有生之年繼續的狩獵。我想所謂的狩獵閱讀，樂趣便在於此吧！從一個事件或人物，引發出一連串很有趣味的搜尋與思考，最後促使個人的心靈成長與生命的改變。而能夠像一個獵人般盡情徜徉在知識的大叢林中，或許正是人生至樂！

本文作者為作家　　　　　　　　　　■

我的書店

如果靈魂眞是不滅，說不定哪一天我還會在完全不同的地方再一次走進它們。
也許是今生，也許是來世。

文—王強　攝影—黑明

二十世紀九〇年代中有一次爲香港一家學術刊物寫稿介紹紐約的書店。當時，文章發表的時候想了個題目叫《在那書的叢林裡》，那篇文章是這樣收尾的：

「我越來越感覺到書店的神奇力量了。它們遠非一個個靜態的、消極的消費對象。不，遠遠不是。它們以各異的外型，各自的風姿矗立於世界上。它們是一個個生命活著的肌體。它們無時無刻不用鉛黑色的眼睛盯視著我、搜尋著我；用飄香的或者蒼老的書頁的手掌勾引著我、召喚著我。根本說不清楚，是我走去發現了某本足以影響到我一生的書籍呢，還是它們以無形的神氣誘惑了我，把我束手無策地帶到了我自以爲是自己發現的地方？！在這眾多的眼神注視下，在這眾多的手掌招引下，我穿行在它們有時狹窄昏暗，有時寬敞亮堂的過道裡。不，那可不是普普通通的過道，那是它們無言搏動的血脈。我也就被挾持在它們血脈靜默而有力的湧流中。在我毫無察覺的時候，它們推助著我，把我帶到我想到或根本沒想到，甚至壓根兒不想到的地方……」

將近十年之後再來寫書店，忽然想用這麼一個普通得有些令人費解的題目。「我的書店」千萬別就以爲是我的書店。我連做夢都沒有想過有一天自己眞會擁有一家書店，雖然期待著哪怕做一次這樣的夢。今天對書店的感悟到底還有沒有什麼新的，哪怕是些微的不同，我只能從這一「人」字入手了。具體說來，那時的書店在我是抽象出來的大寫的人，是群體的人；而現在的書店在我則是具體化了的小寫的人，是個體的人。我自己生活的辭書裡，「書店」兩個字正在消失，「我的書店」四個字正變得越來越清晰，越來越重要。是啊，若不是「我的書店」，別的書店在我生命中有什麼意義？

書店的個性

既然，「我的書店」已經是乃至必須是具體化了的小寫的人，個體的人，那麼我對他的唯一期待便是他不同一般的個性。不錯，書店也像這世上的人，有著令人難忘個性的實在還是太少，而且越來越少。古人云：人不可無癖。沒有癖好，便是沒有區別於他人的鮮明個性，若不是面目可憎也去嚼蠟般的乏味不遠。誰樂意結交這樣的人，更遑論做朋友以至摯友呢？從前擇書店看其大。現在擇書店看其小。想想從前眞如稚嫩的

芝加哥大學
圖書館的奢侈生活

多少年過去，都覺得那實在是一生中少有無憂無慮的奢侈生活。

文—朱偉　攝影—徐淑卿

1991年夏天，查建英的先生本傑明與李歐梵在芝加哥組織一個討論市民文化空間的學術交流活動，我有幸作為「訪問學者」，大陸同去的還有王曉明和吳彬，香港方面有陳清橋、也斯與林道群，臺灣方面有編《當代》的金恆煒等。那一年，李陀夫婦、劉再復夫婦、甘陽夫婦本來就在芝加哥；北島、邁平、阿城，好像大家從四面八方都集聚到這裡，芝加哥是熱鬧得不能再熱鬧。大家集中到甘陽家裡包餃子，煮出來的總是供不上吃的，於是每個人都是越吃越餓。

在芝加哥整整三個月，除了集中開會的日子，第一次有了那麼多奢侈空閒。該見的朋友見過，該看的博物館看過、該聊的話題聊過，剩下的好像都是額外時間。這時候，虧得有一座芝加哥大學東亞圖書館。多少年過去，直到現在，李陀與我說起我們天天相約一起去圖書館，在圖書館裡天天從下午一直泡到晚上的那段日子，都覺得那實在是一生中少有無憂無慮的奢侈生活。

那時候我和李陀的住處相距步行七、八分鐘的路程，他住在靠近密歇根湖邊的公寓，我住在靠近校園的地方。我們每天在圖書館見面。進圖書館只需辦一張磁卡，憑卡入門，一次好像最多可以借走五本書，在門口以磁卡登記消磁就可以帶回家，而閱覽就可以隨心所欲。現在留戀的是，國內好像從來沒見過這樣敞開管理的公共圖書館——只要憑磁卡進入，你就可以在整個藏書之間自由流連往返（除了善本書在關閉的一間房間裡，一般讀者不能光顧。但憑著訪問學者身分，也可方便地進去查閱）。書架按統一編排，極方便尋找，且隨處有電腦可以查詢。書架一端是過道，另一端有窗戶地方就有一張張獨立的桌子，桌子獨立而不會產生讀者間的干擾。現在回想，既然有那麼多讀者，圖書館裡怎麼總能有空閒的位置？絕沒有像國內圖書館搶座位那樣的恐怖，而且總能有座位靠近窗口享受美麗的陽光。

浸沈在馥郁書香中

現在回想那段日子，實在覺得非常荒謬——從中國跑到美國，在一個圖書館裡讀古文，且這個圖書館向我展示了那麼多我在國內都看不到的瑰寶。在這個大學圖書館裡，竟有那麼豐富的中國地方志！我感興趣的，除了豐富的筆記小說，還有一套完整的中國寺廟志。而當時我在國內儘管

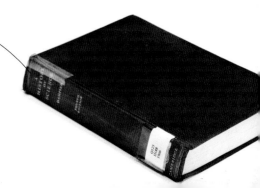

買了一套陶宗儀編的《說郛》與一套上海進步書局編的《筆記小說大觀》，但作爲影印本，實際閱讀都不方便。至於地方志與寺廟志，地方志出版至今不系統；寺廟志見到分爲佛寺與道觀的兩大套，不僅價格奇貴，而且未加整理而複印，根本就無法使用。

那時候，李陀的興趣在毛文體研究，他在發表丁玲研究後，想寫一部專著。我的興趣則就在那些筆記野史。坐在那裡在陽光下讀過幾小時，李陀就會叫我到地下室喝一杯加上很多冰的可樂，閒聊一陣。吃晚飯時候，我們有時會讀得晚一些各自「回家」；有時「回家」吃了飯再回來，直到晚上十點鐘圖書館關門。我們走在月光、螢火蟲搖曳的尾燈與清麗的蟲鳴聲中，滿足於書香浸泡後的舒適。圖書館邊上有小咖啡店，咖啡的香氣瀰漫在周圍，店裡暗暗的燈光，好像也瀰漫著濃郁書香。我與李陀說起，其實中國流傳下來的俗文化中，任何一件東西都可以反映出一部文化史。比如門、窗戶、吃喝玩樂各方面。他覺得我的想法很有意思，他說，它們不僅構成文化史，而且構成東西方文化交流史。

最後我想到還是從吃考證好像更有趣味。於

是就在芝加哥大學圖書館開始，有目的地收集資料，所有資料在那裡都向我敞開，它就像是我自己巨大的書房。當時想法是類似顧亭林《日知錄》做法，只不過我追尋的不是學術，而是從油鹽醬醋開始。計劃想在飲食領域裡做成二百篇考證，形成一部中國飲食文化史。在芝加哥大學圖書館，資料一旦找到，複印非常方便——你只需買複印紙的卡，把卡插進影印機便自己操作。

自家的圖書館

三個月，去掉開會、旅遊與聚會、朋友走訪聊天，我大約在圖書館裡泡了一個月，這一個月實在顯得那麼短暫。回國後，再也找不到這樣便利的圖書館——到圖書館永遠找不到在庫藏圖書中親密接觸那種直接交流的感覺。借書永遠是先查目錄，除非你目的性很清楚，要不然實在無從判斷與選擇。查完目錄塡完借書單，要等待工作人員去書庫，而所要借的書經常是沒有——要不就已經被人借走，要不就是善本庫藏不能外借，還有一種最大可能是因爲管理問題，一般工作人員根本找不到書。當然她也可能根本沒有積極性去努力查詢。在書與借書人之間永遠隔著一堵牆——那書是國家的，而不是公共的。公共的概念是大家

共同擁有、共同享有、共同使用。公共的概念應該讓大家使用得越方便越好，因為既是公共財富，人人都有消費的權力，管理應該為公共消費服務。而國內圖書館卻往往首先想到的是自己的權力，從權力需要出發，就需要繁瑣的管理，使自己高據公共消費之上，使圖書館毫無親切感可言。在這樣的前提下，閱覽室也就成了擁擠的教室，更談不上獨立、盡可能排除他人干擾這樣的人性關懷了。

這樣的圖書館環境，方便地利用自然也就成了奢侈的理想，於是只能把圖書館設在自己家裡。要做考吃這樣的書，實在需要足夠的相關藏書——首先是類書，這是考證的起點。我就購置了《太平御覽》與《淵鑒類函》。其次是與烹飪有關的古籍，我又到中國商業出版社，找到能找到的一切有關書籍——包括過期期刊。然後類書裡提到的古籍，這就麻煩了：有些書你即使想買也買不到；有些書即使書店有，就為一次性使用你買下來也覺得心痛；還有些書你買下來使用完又增加了你不必要的藏書。有時候不是錢的問題，也無法計算成本比，是家裡一共只有那麼大的天地，書在不斷地擠家人空間。一共就那麼幾個書櫃，

書與書擁擠不堪，恨不得裡三層外三層，即使買到了家裡也找不到。

其實誰也不願意組建個人圖書館，我們都是實在沒有辦法。書一次次沈重地背回家，從一本引文帶出另一本。你不斷地要跑書店，不斷地著急找不到你要找的書。好不容易興奮地找到，回家只能把一本又一本都攤在地毯上，人趴在那裡引資料。因為誰的桌子上都放不下那麼多書——《考吃》中的每一篇基本都要引用幾十種書。

總之，從1991到1992年，我花了兩年時間，最後才完成了計劃二百篇中的五十篇，算是集成一個大約十七萬字的簡陋集子。

現在我還在永遠地繼續個人圖書館的組建——每寫一篇文章就要到書店找書、買書，寫完文章再將消費後沒用的書處理掉——因為累積下來圖書館會不堪重負。

每次辛苦地在書店找書時候，我就會想起陽光燦爛的芝加哥，那大約是我這一生中關於讀書的最溫馨記憶。

本文作者為《三聯生活周刊》總監　　　　　■

我的饑荒年代

原來閱讀也有花季，而我的花季，恰巧就在我的饑荒年代。

文—朱正琳　攝影—黑明

1978年，不知是哪一位老人，在一張書目上畫了大約二十個圈——第一批圖書解禁了。消息不脛而走，於是出現在新華書店門口通宵達旦排隊等待購書的現象。我當時在貴陽，以為這現象只是「我們貴陽」獨家所有，還引以為家鄉的驕傲。後來我聽說，這現象其實遍布全國，不是只有「我們貴陽人」才如此愛書。我由是想到，此時排隊買書和六〇年代初排隊買米是一樣的，只不過是饑荒年代的自然反應。排隊人的興奮之中明顯夾雜著某種恐慌，與現如今全世界兒童同一天在超市門口排隊等待購買《哈利波特》當然不是一回事。

不過，物質世界的饑荒好理解，身體的饑餓感及其後果一般不會引起爭議。精神世界的饑荒卻有點不一樣，餓的感覺和後果都可以作多種不同的解釋。我所認為的饑荒年代，現在就有人說是「激情歲月」。

所以我現在只說，那是我的饑荒年代。

導向閱讀

細想起來，我的饑荒年代並非是從文革才開始的。從小學起我就喜歡讀書，那還是二十世紀的五〇年代。回顧一下那時我讀過的書就不難發現某種左右著我的「導向」：《不死的王孝和》、《在烈火中永生》、《林海雪原》、《烈火金剛》、《敵後武工隊》、《野火春風鬥古城》、《小城春秋》、《青春之歌》……。與我的許多同時代人一樣，那時候我心目中的英雄只能是「革命者」。還有，好長一段時間裡我都相信，《鋼鐵是怎樣煉成的》是世界上最偉大的小說，其作者奧斯特洛夫斯基則是世界上最偉大的作家。後來年歲漸長，也與我的同時代人一樣，我變得更喜歡《牛虻》，那是因為牛虻是一個更富人情味的革命者（還是革命者！）。要知道，喜歡這點「人情味」，在當時已經是對「導向」的一種叛逆，是獨立思想的一種結果。但其實我們當時讀的《牛虻》卻只是根據蘇聯人的節譯本譯出，據說已刪去了不少「不健康」的情節。到我有了一定的判斷能力和選擇能力時（記得是在遭遇六〇年代初的大饑荒以後），我的確曾有意識地違背「導向」去讀書，不過那也是孫猴子的筋斗——沒跳出如來佛的手掌心。我畢竟只能讀到（和喜歡）「導向」讓我看得到的書，《牛虻》算是一例。再例如，我讀過拜倫、雪萊……，但卻沒有讀過華茲華斯、

柯爾律治……；我讀過魯迅、茅盾、巴金……，但卻沒有讀過沈從文、錢鍾書、蕭紅……；我讀過普希金、屠格涅夫、托爾斯泰……，但卻沒有讀過安·別雷、納博科夫、索爾任尼琴……。沒有讀過是因爲沒有出版或沒有公開出版，甚至見不到任何介紹性文字，所以對其中有些人我幾乎是一無所知。也就是說，禁書遠非始自文革，而且其數量早就大得驚人。還可以附帶一說的是，我們這一代人普遍地偏愛俄羅斯文學，百分之百應歸功於當時的「導向」。

如果人的精神能夠照鏡子，我相信這種「吃偏食」給精神成長造成的後果在鏡中應該一眼就能看得出來。

「就是要讓他終生不幸！」

文革開始時我已讀過不少書，其中絕大部分很快就要被劃歸「毒草」。那時候我在一個技工學校上學，好讀書的習性早已使我顯得有些「另類」（按當時的看法應說是「異類」）。因爲「技工學校」是培養技術工人的，一個學生老看一些文史哲方面的書籍，在當時的老師、同學眼裡那就是一個「怪人」。順便說一下，到技工學校上學不是我自己的選擇，而只是因爲我的「家庭成分」不好不能讀普通高中才被分配去的。我到現在還鬧不明白，爲什麼成分不好的反而要被培養成工人——「統治階級」的一員。當然，像我這樣的「怪人」其實是連「統治階級」的一員也成不了的，而是

注定了要被打入「另冊」（「叫他永世不得翻身！」），這在當時幾乎是鐵的法則。果然，文革剛一開始，我就被定爲「反動學生」，打成牛鬼蛇神。一位「工作組」成員指著我的鼻子對我說道：「我告訴你，對於像你這樣的人，我們就是要讓他終生不幸！」那一年我十九歲。

要說我這個「反動學生」，除了「思想反動」以外，能坐實的「罪行」其實只有好讀書這一條。那位工作組成員好像認眞檢索過我讀的一些書，有時候也會不無賣弄地與我論道：「你喜歡車爾尼雪夫斯基？資產階級民主主義者，他的思想最多只能趕上我們的孫中山。那比我們毛主席就差遠了！」我不敢跟他論辯，他的氣勢太嚇人，說著說著就會來一句：「飛機大炮都在我們手裡，你想幹什麼？」後來他當然也成了「走資本主義道路的當權派」，我想那時候他應該發現，飛機大炮其實也不在他手裡。這是題外話。

「反動學生留待運動後期酌情處理」的「中央精神」使我得以從運動中脫身。在被監控了大約三個多月之後，我又可以回家了。回家當然就會去逛書店。記得我興沖沖跑到離家最近的一家書店時，那景象眞讓我吃了一驚。書架上空空落落，已經沒剩下幾種書了。我站在那裡，只覺得手足無措。一種失落感漸漸變成一種悲憤之情，我突然做出了出乎自己意料的舉動：幾乎是當著售貨員的面，我從書架上拿了兩本《史達林選集》就往外跑去。

「見不得光」的讀書計劃

這以後我索性退了學，躲在家裡讀書。自己擬了個計劃，系統地讀。想讀書，書好像就不是問題，我總是有辦法找到我想讀的一些禁書。後來則更是一勞永逸地解決了這個問題，那就是到各個學校的圖書館去偷書。一家一家地偷下來，我們幾個人的藏書種類（限於人文類）就超過許多家圖書館了。說起來這事也有一個緣起。有一天，一位在某中學任革委會主任的朋友把學校圖書館的鑰匙交給了我們，說是已清理了一批書第二天就要送造紙廠，讓我們各自去挑幾本留著。這件事打開了一種思路，從此便一發不可收拾。

偷書的好處不僅是有書讀，而且還讓我們大開眼界。——許多「內部發行」的讀物讓我們見著了，這才知道山外有山。「資產階級庸俗經濟學」的著作，「南斯拉夫修正主義」的文獻，「外國資產階級學者」論述中國近代史的「材料」，「資產階級人道主義言論」的彙編……還有，《戴高樂回憶錄》、《邱吉爾回憶錄》、《杜魯門回憶錄》、《第三帝國的興亡》、湯因比的《歷史研究》、斯賓格勒的《西方的沒落》……如此等等。時隔多年以後我才聽說，當時的「內部讀物」是分

有等級的，行話稱為「灰皮書」、「黃皮書」……諸如此類。我們當時當然顧不得這許多，狼吞虎嚥地就讀開來，那行狀確實很像一群饑民突然闖進了一家高級餐廳。只可惜還沒來得及讀多少，我們一夥就已鋃鐺入獄，那些書自然是被盡數沒收。不過我們被捕的案由卻不是偷書，而是反革命。那時候趕上「中央」有文件要求注意「階級鬥爭新動向」，說全國各地出現了一些「無組織、無綱領但實質上是」的「反革命集團」。於是全國各地都有許多素不相識的人被捏成一個個不知其名的「集團」，有些地方則索性命名為「讀書會」。我們幾個人被定為在貴陽「破獲」的「集團」（據說是一個全國性的「組織」）的「學生支部」成員，我們的「地下書庫」簡直就是天賜的「鐵證」。

這一坐牢就坐了四年多。待到出獄時，離本文篇首所說的排隊買書的日子已經不太遠了。排隊買書之後緊接著是《讀書》雜誌復刊，頭條文章的標題是「讀書無禁區」。從那時起我開始與「饑荒」告別，漸漸地卻發現，市面上有越來越多的書讓我相見恨晚。我這才意識到，閱讀原來也有花季，而我的花季恰巧就在我的饑荒年代。

本文作者為中央電視台讀書時間策劃 ■

佛法獵人的
三個階段

這時我所看見的，不再是一根火柴的亮度，
而是清楚的看見了整座佛法森林。

文—洪啓嵩　攝影—賀新麗

《六祖壇經》與火柴的光亮

在我出生的那一年，父親因爲篤信佛法，曾借了三分的高利貸，迎請了一部佛教大藏經《大正藏》。因此，在我四、五歲會到處走動時，就常喜歡去摸、去玩這部經，雖然不知道它寫些什麼，卻會拿起來正看、倒看。當時父親也訂有《菩提樹》佛教雜誌及一些佛書，當我開始識字之後，就自己慢慢看，慢慢翻。因此，我的童年可以說是同時接觸童書和佛書。當時許多佛法故事都深印在腦海中，與我的一生結下不解之緣。

五歲的時候，一次玩具工廠的意外，我親眼看見支離破碎的慘狀；七歲的時候，再目睹父親辭世，看到他安詳得彷彿睡著的面容。這兩次目睹死亡的經驗，讓我感受到人生的無常，也知道身邊親愛的人有一天終將會死，離我而去。於是逐漸開始思索生命如此脆危，應該透過什麼方法才能超越。

十歲那年，我開始自己摸索，學習各派打坐的方法，慢慢對佛家、道家及瑜珈、超覺靜坐等各種法門都涉獵學習。如此不斷練習，到了國中時雖然已經有些心得，但是對生命的解脫，還是無法了悟、突破，心仍無法安住。

考上高中那年，我面臨了生命的困局，關於生命，關於人性。這股巨大的壓力讓我喘不過氣

來。當時，偶然在舊書攤買到一本《六祖壇經》，就開始把它當成床頭書，每天隨手翻開，也沒有刻意要讀那一品，翻到那一頁就讀那一段。奇妙的是，它總是能啓發我當時遇到的困惑，讓生命中的問題得到解答。

在生命寒冷的暗夜中，它就宛如一盒取之不盡、用之不竭的火柴，在年少迷惘困頓的時期，我每天打開它，擦亮一根長長的、生命智慧的火柴，在火光迸現時，照亮生命的旅途，讓我得到短暫的休息，可以安心的繼續走下去。

這段期間，每天這樣翻，一方面讓我看熟了《六祖壇經》，另一方面讓我發現這種隨機翻閱的方式，在身心需求安止的時候，有極大的幫助。這對於後來自己閱讀其他佛經時，影響深遠。

在我早期隨機獵取佛法的階段，《六祖壇經》是幫助我走進佛法森林眞正的一本入門書。

《大藏經》與森林的地圖

從高中開始，我不斷閱讀禪宗的著述，而修行的方法，也慢慢以禪宗爲主，甚至在大學聯考時的作文題目，我都是寫和禪有關的題目。但是直到上大學時，在佛法的森林中，我都還是處在隨意打獵的階段，自適自意來閱讀佛典。

大學加入佛學社團，遇到藍吉富老師，才讓

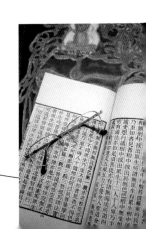

我進入了系統化的獵取佛法的階段。藍老師指導我現代的佛教研究方法，以及《大正大藏經》等各種工具書的運用，讓我能以現代學術的研究方法，做為綜攝佛教龐大資料的得力工具，對我系統性的理解佛法，產生了深遠的影響，也開啟了我對佛法的廣大視野。從這時起，我開始不再以一般佛教徒自居，而改為思考如何以這個時代的精神了解佛法，進而讓佛法在每一個時代中開展、茁壯。

當時我也去參加聖嚴法師主持的禪七，使我在內在的修證上，得到啟發與印證。而我也同時接觸到印順法師對佛教的理解，與陳健民上師對密教的思惟，這使我掌握了佛法不同的面向，產生自己對佛法綜攝性的觀點。

後來一方面由於個人的研究計劃，另一方面緣於他人的委託，必須運用到《大藏經》，於是我開始分批將學校圖書館的《大正大藏經》藏書借回研究，著手進行「閱藏」的計劃，打算把《大正大藏經》讀完。但當時自己只是大學部的學生，所以只好借同學或研究所學長的借書證借書，據說我所借出的大藏經，比當時所有人借閱冊數累加起來還多。

我讀了好幾個月，雖然沒有完成「閱藏」的計劃，但是收穫很大。由於我把《大正大藏經》的目錄查得很熟，因此熟悉了佛法經論的系統和結構。就如同一座巨大的宮殿，雖然我並未進入其中每一個房間，但是對每一個房間的地點、配置都很清楚，可以說是掌握了一張完整的佛法地圖，深刻體會到它與我生命的地圖是合而為一的。

這時我所看見的，不再是一根火柴的亮度，而是清楚的看見了整座佛法森林，這一區有什麼林木，那一區有什麼花卉，完全一目了然。系統化獵取佛法的智慧，成為我佛法生命完整的重要指標。

指月之分的三種般若

一般我們會以為「閱讀」是閱讀一本書籍裡的文字，事實上，文字只是幫助我們閱讀的工具，我們真正要閱讀的，是文字背後的智慧。佛法裡有關這方面的說明，特別深刻。

禪宗說：「依經解義，三世佛怨，離經一字，如同魔說。」這句話是強調閱讀佛經的時候，需要透脫文字的表義，追求內在的真義，裡面有兩個意思。「依經解義，三世佛怨」是說，閱讀佛經，如果只是拘泥於文字，就容易落於考古、訓詁，與佛法要傳達的生命智慧無涉了。「離經一字，如同魔說」則是說，但如果就此誤以為可以不需要對佛經文字的深刻體認，而任憑想像自由發揮，那就更容易誤入歧途。

在佛法中極為有名的「指月之喻」，要我們「以指見月」，而不要「以指代月」，講

的也是類似的意思。如《楞伽經》中說：「如愚見指月，觀指不觀月。」手指的目的是在指出月亮，手指並非月亮自身。佛經的文字就好像手指，真正的智慧則是月亮。如果只是執著在佛經裡的文字，那就是錯把手指以為是月亮了；但如果沒有用手指去指，或許就連看到月亮的機會也沒有了。

但有些人對「指」與「月」的區分和掌握，十分直觀，令人驚異。

六祖就是一個最好的例子。六祖本身並不識字，但在《六祖壇經》中有一段他指導無盡藏尼讀經的故事：

「無盡藏，常誦大涅槃經。師暫聽，即知妙義，遂為解說。尼乃執卷問字。師曰：『字即不識，義即請問。』尼曰：『字尚不識，焉能會義？』師曰：『諸佛妙理，非關文字。』尼驚異之。」

無盡藏的疑問，可能也是許多人的疑問：連字都不認識了，怎麼可能體會其中的義理呢？然而六祖卻直截了當的回答：「諸佛妙理，非關文字。」

文字是閱讀的方便，有助於我們解悟實相，但，並不是必然的需要。佛法是生命的智慧，這個世界，就像一本活的書，生命的閱讀，並不一定要透過文字，六祖就是直接閱讀這本活的書。

但除非你有六祖的直觀之力，否則就應該走另一條路：除了閱讀之外，還得自己實踐與修證。這條結合「閱讀」與「實修實證」的路，可以分為三個階段，或者說三種「般若」（相當於「智慧」的意思）。這三種「般若」分別是：「文字般若」、「觀照般若」及「實相般若」。

第一個階段的「文字般若」，就是對經文文字的了解，能貫穿文字的含意。這個階段，就好比我們擁有一張正確的地圖，可以幫助我們到達目的地。

第二個階段的「觀照般若」，這時不僅止於文字了解，更進一步能統攝經文中的觀念，並與生活相應，生活中就依照經典的精神來實踐。這樣日漸深化，最後我們的心念、言語、行動，都不離經中的智慧。這就好比我們依照地圖，實際行動，日漸趨近目的地。

第三個階段是「實相般若」，經過不斷的純熟、實踐，到最後經典中的境界現前，不必再經過意想分別，就是這樣如實的境界。這就好像我們按著地圖走到了目的地一樣。

佛法獵人要獵取的是佛法的智慧，將佛法的知識內化成生命的智慧，這才是在佛法中打獵終極獵取的目標。如果只是將佛經當成讀誦的憑仗，那麼縱使讀誦幾千萬遍的經文，佛經還是佛經，生活還是生活，互不相干。

本文作者為作家　■

讀好書看天下

CP1897.com 與您盡覽

2003 年不可不讀的好書，見證人類文化的里程碑。

http://www.cp1897.com.hk/Focus/focus0401s01/focus0401s01.htm

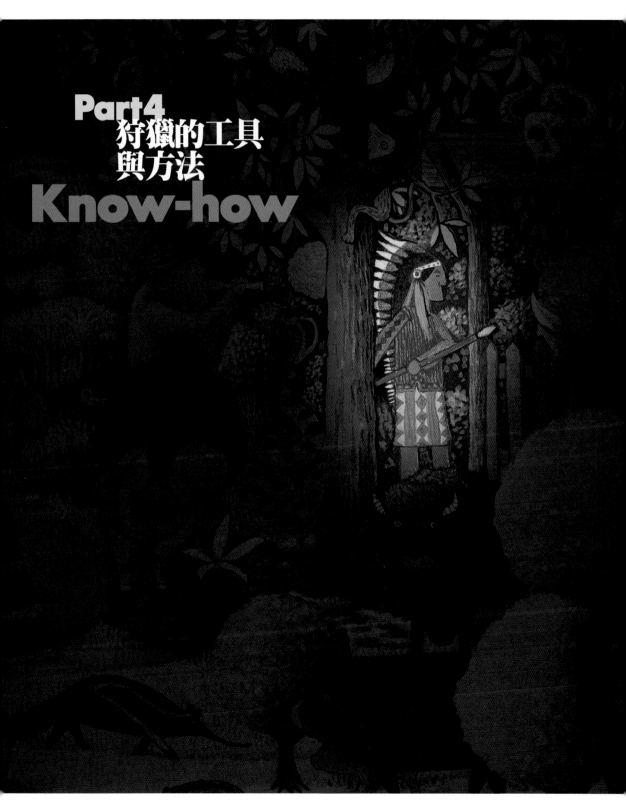

Part4
狩獵的工具
與方法
Know-how

六類28種閱讀的獵人

——閱讀叢林的裡裡外外

文—傅凌　繪圖—BO2

A 非獵人，非不獵人

1.不吃任何食物的人

　　如果你同意閱讀是一種給頭腦的飲食的話，你就一定會發現，太多人是不為他們頭腦進行任何獵食，也不補充任何營養的。他們也許從小學，也許從中學，也許從大學畢業之後，就不和閱讀發生任何關聯了。他們工作，他們吃飯，他們娛樂，他們結婚生子又督促自己的子女努力用功，但就是不再給自己的頭腦任何飲食。我們只能稱他們作——非獵人，非不獵人。

Check point：你是不是有最少一年時間沒有看過一本書了？

B 非獵人

2.只吃別人煮好，端來食物給他吃的人

　　然後，有一種人，自己雖然沒有體會到閱讀的重要，但是幸運也不幸地，有人會負責送食物給他吃。他吃得很不對胃，有時候吃得填鴨，味同嚼臘，有時候吃得死去活來，吐了再吃，吃了再吐，但，多多少少，有些東西還是進了他的腦袋。最常看到的這種人，是一些學生——涵蓋小學、中學、大學生。這種人一不小心，從學校畢業，沒有人給他餵食後，就會回頭成為第一種人的狀態。

Check point：你是不是因為學業或工作被逼，才不能不看一些書？

3.不自己料理，只吃便利商店罐裝食品的人

　　然後，有一種人，有意混雜著無意，主動混雜著被動，知道要給自己的頭腦一些飲食。不過，要他自己動手料理是不可能的，他只想簡單一點，去吃點罐裝食品就好了。於是他會去買一些別人整理好的「XX智慧100則」、「XX五十招」諸如此類主題的書來讀讀。他們覺得有吃總比沒吃好，而有得吃也就不必太過挑剔。所以他們不只節省時間，也節省金錢，對廉價書十分注意，地攤上論斤賣的書，很多是為他們準備的。

Check point：你是不是只挑一些簡單的書名，或便宜的價錢來買書？

4.只去超級市場，只買排行榜的東西來吃

然後，有一種人，知道閱讀可以補充自己的工作能力，閱讀也可以是流行，是一種跟人溝通的話題，因此覺得去高級一點的地方，多花點錢買貴一點的食物似乎也不全無道理。他想多一點料理的動作，可是又不知道該怎麼做，於是微波爐飲食成了他最方便的選擇。而到連鎖超級市場，跟著每日特價品、排行榜名次購買些飲食，就成了他們最聰明又最便利的習慣了。

Check point： 排行榜書單是你買書最重要的依據？或總是聽別人說什麼書流行了才去買來看？

5.有眼力在排行榜的東西還沒上排行榜之前，就買來吃的人

然後，有一種人，逐漸發現光是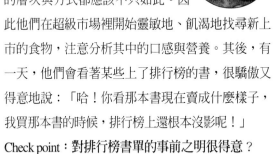蛋塔流行了吃蛋塔，拉麵流行了吃拉麵不夠檔次。他們覺得自己閱讀的層次與方式都應該不只如此。因此他們在超級市場裡開始靈敏地、飢渴地找尋新上市的食物，注意分析其中的口感與營養。其後，有一天，他們會看著某些上了排行榜的書，很驕傲又得意地說：「哈！你看那本書現在賣成什麼樣子，我買那本書的時候，排行榜上還根本沒影呢！」

Check point：對排行榜書單的事前之明很得意？

6.一進市場，看了東西就Shopping難停的人

然後，有一種人，隱約體會到閱讀應該還有另一種層次，可以

是一種身分，一種品味，一種能力的表徵。於是開始不再把排行榜上的書名或作者掛在嘴邊了。他們進了書店，主要憑著直覺，飢不擇食，又興趣極為廣泛地，把新書平台區大掃射一遍。通常，這些「血拚」讀者已經可以構成最低層次的「藏書家」了。（其他層次的「藏書家」見後。）

Check point： 是不是覺得每一本新出版的書都很想讀，很想買？

C｜新手獵人

7.第一種喜歡聽獵人講故事的人

然後，有一種人，覺得這樣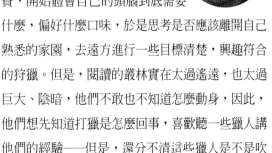亂槍打鳥式的血拚可能太過浪費，開始體會自己的頭腦到底需要什麼，偏好什麼口味，於是思考是否應該離開自己熟悉的家園，去遠方進行一些目標清楚，興趣符合的狩獵。但是，閱讀的叢林實在太過遙遠，也太過巨大、陰暗，他們不敢也不知道怎麼動身，因此，他們想先知道打獵是怎麼回事，喜歡聽一些獵人講他們的經驗——但是，還分不清這些獵人是不是吹噓，或者只是轉述他人經驗。

Check point： 是不是已經只注意書店的新書平台區，開始探索書架上的一些角落，但是看得眼花撩亂，分不清該要什麼不要什麼？

8.第二種喜歡聽獵人講故事的人

然後，有一種人，雖然喜歡聽一些獵人講他們的經驗，但是，已經逐漸聽得出這些獵人是不是吹噓，或者只是轉述他人經驗。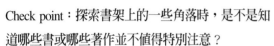

Check point：探索書架上的一些角落時，是不是知道哪些書或哪些著作並不值得特別注意？

9.喜歡參加團體狩獵的人

然後，有一種人，覺得比較明白自己所感興趣的，自己所需要的狩獵是什麼，應該是自己要動身出發的時候了。只是閱讀的叢林仍然太過遙遠又陰暗，因此他覺得需要找一些同好，結伴一起出發。

「團體狩獵」可以分幾種不同的形式。第一種，是大家每次共同讀某一本書（通常是讀某種熱門書或暢銷書），然後共同分享心得；第二種，是大家分別讀不同的書，各自交換心得；第三種，是大家共同設定對某本書（通常是所謂比較難讀的書）的閱讀進程，按照時間表逐步推進，把書讀完。我們這裡，主要指的是第二和第三種形式。

Check point：有沒有參加讀書會，或是網路上的一些討論區？

10.第一種參訪名家的人

然後，有一種人，基於自己已經聽來的一些狩獵知識，開始到處尋訪、請教獵人，聽了一肚子狩獵掌故，有樣學樣地也跟著買了一些書。他已經把打獵打獵整天掛在嘴上，但是或許自認為一肚子掌故和聽來的說法就已經足夠，或者是自己擁有了那些書之後也無從下手，所以自己根本沒有真正閱讀。

Check point：你要誠懇地反問自己：「拾人牙慧」這句話能不能用到自己身上？

11.第二種參訪名家的人

然後，有一種人，到處尋訪、請教獵人，聽了一肚子狩獵掌故之後，不但有樣學樣地也跟著買了一些書，還當真開始閱讀其中一些比較好下手的書。

不要小看小學生或中學生。一些用功的學生，一起步就是這種獵人了。

Check point：你買了許多經典名著，但是有沒有開始閱讀過？

12.在近距離範圍內逐漸養成打獵習慣的人

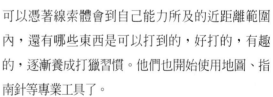

然後，有一種人，讀了幾本書之後，逐漸從書中又看出一些線索，可以憑著線索體會到自己能力所及的近距離範圍內，還有哪些東西是可以打到的，好打的，有趣的，逐漸養成打獵習慣。他們也開始使用地圖、指南針等專業工具了。

Check point：你有沒有設定一個自己感興趣的方向，開始最少一星期一次地定期搜尋、購買、閱讀這樣的書？

13.快樂地教一些簡單打獵經驗的人

然後，有一種人，在近距離範圍內打獵甚有收穫，雖然不想也不敢進叢林的深處，但是他發現光是把近距離範圍的打獵經驗，加上一些自己的體會和心得和別人分享，就可以利人利己。於是他就開起一個講學營，外帶一個導遊團。由於很多人都感到狩獵的重要，但是自己既沒時間又沒能力去進行，因此這種人解決了他們的需求，因而極受歡迎。

Check point：你是不是經常在網路上重複談一些雷同的閱讀心得或經驗？或者，可以藉此寫作來維生？

14.開始向遠方探索的人

然後，有一種人，不但自己能從書中看出一些線索，已經逐漸養成打獵的習慣，他們更不滿足於只是在能力所及的範圍之內活動，因而決定向遠方挑戰，跨上準備渡河的獨木舟了。

Check point：你有沒有針對自己感興趣的一個閱讀方向，最少累積了五十本相關的書，而且其中最少有五本是你覺得要鼓起很大勇氣才能開始讀的書？

15.走遠路，難路走一半，經常徘徊不前的人

然後，有一種人，雖然出發了，雖然上船了，雖然上了另一岸，走得很遠，也看到一些前所未見的獵物，但是那些獵物太過巨大，叢林太過深邃，他們因為恐懼與疑惑，停下了腳步，徘徊不前。

Check point：這五本你覺得要鼓起很大勇氣才能開始讀的書，有沒有開始讀，讀完過最少兩本？

D 高等獵人

16.教一些特別領域狩獵經驗的人

然後，有一種人，雖然進入過叢林的深處，對某一門類的獵物很有了解與經驗，但是發現與其自己繼續追獵下去，不如先在叢林的一角駐紮下來，等後面來人的時候，他就講述這個領域的入門之道，教人這個門類裡的狩獵經驗。

Check point：研究所畢業之後，你是不是想先當一個講師了？

17.第一種把打獵當成專業，以此為生的人

然後，有一種人，進入過叢林的深處，捕獵、享用過許多獵物之後，發現狩獵別有利益可圖。他可以把獵物當標本出售，他也可以出售許多狩獵工具。

許多已經可以列名中等等級的藏書家，就可能是這一種人。

Check point：你是不是經常出沒一些古書店（包括實體與網路上的），並可以尋得到寶，但自己並不讀的人？

18.第二種把打獵當成專業，以此為生的人

然後，有一種人，進入過叢林的深處，捕獵、享用過許多獵物之後，雖然也可能會為下一步的去向而困惑，甚至感到疲累，但是他體認到自己已經身為專業獵人，不能不繼續狩獵下去。

Check point：你是不是可以靠寫作或演講自己專業研究，而能維生的人？

19.為打獵而瘋狂的人

然後，有一種人，雖然本質上只是第6種人（Shopping難停的人）的進階版，但是他的熱情燃燒的強度與幅度都太大，以致於產生了質變，所以我們起碼從感性上而言，不能不把他們列在這個等級。這種人或是會吞嚥各種理論、主義、學說都樂此不疲，或是會瘋狂收購各式各樣的書籍，讓自己每一寸生活空間都被書籍所淹沒。

Check point：你為了讀書或買書，是否已經到了不惜為之傾家蕩產，妻子為之反目的地步？

20.把打獵當成樂趣的人

然後，有一種人，狩獵並不是他的專職，但是進入過叢林的深處，捕獵、享用過許多獵物。叢林的陰暗對他不是恐懼，去向的不明對他不是疑惑——他在叢林裡只感到無窮的探險的樂趣。因此，不管他專職的事務有多麼繁忙，他總會設法定期進入叢林，享受獵人的快樂與收穫。對他來說，打不到老虎，打隻大鹿也很好。

Check point：你是不是有個自己很忙碌的工作，但是卻有著與工作無關的閱讀熱情與習慣？

E 終極獵人

21.有朝一日，突然大夢初醒，決心成為某種頂尖獵人的人

然後，有一種人，過去狩獵不是他的專職，也不是他的興趣。他甚至可能只是第一種非獵人非不獵人，只是，突然，有一天，他大夢初醒，決心成為某種獵物，或某個領域裡頂尖的獵人。於是，他開始瘋狂地趕路，補充自己所有應該補的課、見的人、參加的團體、嘗試錯誤的經驗。

（如果他決心名列這個領域裡世界級的專家，至少要具備三種不同語系的外語閱讀能力。）

Check point：你有沒有碰上這一天，不必Check也知道的。

22.專門尋找某種小標的

他尋找的目標，也許不大，是古代的錢幣，或是咖啡，或是汽車，或是郵票，或是野雁，或是某種蘭花。

Check point：你能講得出全世界對這個小標的最有研究的五個人是誰，以及自己和他們的優劣比較嗎？

23.專門尋找猛獸，不達目的絕不甘休的

他尋找的目標，也許極大，極難應付。譬如是數學，或是太空生物學，或是佛學。

Check point：你能講出自己的研究在前人之外產生的貢獻是什麼？

24.專門尋找滅絕動物的

他尋找的目標，也許已經滅絕了，也許極為稀有。譬如甲骨文的研究。

Check point：你有沒有準備動用考古學、人類學的各種發現，以及跨領域學科知識、來進行閱讀？

25.無意中遍覽群山的人

然後，有一種人，原來只是選定一個方向，努力探索而去，一路顛沛流離，披荊斬棘，踏過閱讀叢林裡最幽暗的角落，看過最珍稀的動物，採擷過最特別的花卉，然後驀然回首，已經佇立峰頂，群山覽遍。

Check point：你有沒有碰上這一天，不必Check也知道的。

26.開闢獵場的人

然後，有一種人，因為長期又獨特的狩獵過程，不斷整理知識叢林裡的氣象、環境、路徑，因而開闢出前人所未曾發現新的獵場，樹下指引別人前往的路標，為其他獵人提供可以依循的方向。

高等學院裡有某一些教授，可以是這種人。有些頂級的藏書家，也是這種人。

而不論他們以哪一種面貌出現，最重要的是，他們本身也成為別人狩獵的對象了。獵與被獵的分際湮沒。他們已經化為閱讀叢林裡的一個構成了。

Check point：你的著作，是否可以成為別人的獵場？

27.超越獵人的人

然後，有一種人，他們了解的超越了狩獵相關的一切。他們了解的不只是動物、植物，他們了解的不只是叢林的生態與生物的世界，了解的不只是航海與造船的技術，了解的不只是氣候與季節的變化，了解的不只是星辰與宇宙的運行。

所有的知識、道理、規則、變化，對他們而言都是一道潺潺而下的溪流，不同的路段掬而飲之有不同的口感，但溪流本身則始終如一。

Check point：你能不能在人生的任何時刻，都覺得這個世界上沒有任何知識與智慧的障礙，沒有覺知與思考的煩惱，微笑以對？

F 另一種非獵人，非不獵人

28.微笑的人

對任何知識都能證明「人生而知之，上也；學而知之，其次也。」的人。

Check point：無法設定。

獵人養成十九撇步

——古今中外閱讀獵人的觀點筆記

文—傅凌

1 要體會到為什麼要成為一個獵人

獵人的養成，當然要先有當一個獵人的念頭。不想當獵人，談什麼養成都白談。

過去說「書中自有千鍾粟，書中自有黃金屋，書中自有顏如玉」是先談獵物，用獵物來吸引當獵人。不過這種觀點有個問題，就是一旦獵到獵物之後，就似乎可以不必再當獵人了：「每見讀書之人，與未讀書者無以異。……竟似人不為科第，則無取乎讀書；讀書已得科第，則此書可以無用矣。」（陳宏謀·臨桂學案）

我們對待閱讀，不是太功利，就是太平淡。梭羅在《湖濱散記》裡說得好：「人學習閱讀，其目的祇是為了一般的方便，就像他們學習算數祇是為了記帳以免在商場上吃虧受騙一樣；但是以閱讀為一種高尚的心智訓練，則他們所知甚少。……

我承認我分辨不出下列兩種無知之間的區別：即那些根本不會閱讀的鎮民之無知與那些已學會閱讀但祇讀兒童或膚淺讀物的鎮民之無知。……我們是個矮小民族，在智慧的飛行上，飛不出比報欄高出多少的高度。」

想要當閱讀的獵人，不是這樣的，他是有方向的，要挑戰一個難度的。

2 決定一個方向

不論大目標或小目標，要有一個方向。理由很明白：

一，「讀書要提高興趣，莫如集中一個問題以從事研究。」（王雲五）。

二，沒有方向，無從前進。「書富如入海，百貨皆有，凡人之精力不能兼收盡取，但得其欲求者耳。故願學者每次作一意求之……勿生餘念。此雖迂鈍，而他日學成，八面受敵，與涉獵者不可同日而語也。」（蘇東坡）

三，有個方向，才好提醒自己前進。「若這個舟風平浪靜時，或將就行得，若遇狂風逆浪，便去不得也；要去，須得柁柄在手。故學莫先於立主宰。」（湛若水·甘泉學案）

只不過中國過去對讀書所定的方向，都是鼓勵大的方向，把經史子集以外的研究都稱之為

「小說」。而今天時代不同。西方年鑑學派已經告訴我們於一沙中見一宇宙，由小窺大的閱讀方向是一條什麼樣的路了。不論大小目標，總是要有個方向。

決定方向的時候，千萬不要人云亦云。別人隨手開的書單，「因爲個人的見解不同，個性不同，各人所選只能代表各人的嗜好，沒有多大的標準作用。所以我不講這一類的問題。」（胡適·胡適文存）。大家不應該隨便開書單給別人，當然也不該隨便吃別人的書單。重要的是，認眞地安靜下來思索一番自己需要的是什麼。「只要各人迴光返照，自覓各人受病之所在，在有某病，即此是入門，便是下手。……譬猶所患在虛寒，教以服溫補之劑；若即以此藥投之

強壯之人，誤人不淺。」（李顒·二曲集）

當然，受了某人的感動，決定走他的方向是可以的，但一定要先明白自己受他的什麼感動，因此決定受什麼影響，走哪條路子。

3 怎麼開始

書店裡有立架區（不是新書平台區），站到你選擇的那個方向前面，買了就是，開始讀就是。如果你有可以請教的人，不論是學有專長的前輩，還是一個有學養的圖書館管理員（Librarian），當然更好。

「至少每個月買一本書，但是絕不要去買一本你無法立即閱讀的書。」美國作家約翰·鄂斯金（John Erskine）說。

除了買，要實際開始讀。開始讀，不要多，每天持續十五分鐘就好。

「每天決定去讀一點，即使是幾段也好，假如你每天能有十五鐘的讀書時間，一年之後你就可以感到他的結果。」美國一位教育學家賀瑞斯·曼恩（Horace Mann）說。

而王陽明更說：「初種根時，只管栽培灌溉，勿作枝想，勿作葉想，勿作花想，勿作實想。懸想何益？但不忘栽培之功，怕沒有枝葉花實？」

4 怎麼避免冤枉路

獵人是不怕走路的，所以也不會怕走冤枉

路。就算完全沒有別人指點，自己去摸索，讀二十本到三十本書之後，也總會發現一本適合自己的入門書。只要找到第一本入門的書，就算上路了。何況，只要用點心，通常的機率不致於這麼差。

另外，走走冤枉路也有好處，會特別體會路是怎麼形成的。你會產生困惑與疑問，這些困惑與疑問一直跟著你，等某一天找到一本書可以印證、解答這些問題的時候，你的收穫將有一番特別的意義：

「他們把盤據門內心的模糊觀念，照亮並且加以具體化，但是祇有在我們自己閱讀過程中，獲得了無數疑問與暗示之際，去拜訪他們，他們才能給我們幫忙；但是如果我們一開始就屈服於他們的權威，好像一群羊懶洋洋地躺在限定的柵欄內，他們也沒有辦法幫我們任何忙，只有在我們充滿了衝突而又急欲征服它之際，我們才能充分領略他們的見解。」以上是維琴妮亞·吳爾芙說的。

5 怎麼設定上路之後的速度

馬拉松因為是長程賽跑，所以都要配速，不致太早氣力放盡。閱讀的狩獵更是一生的事情。有了入門書上路之後，更要懂得配速。所以，要知道如何循序漸進。

朱熹說，不要眼大肚子小：「雜然進之而不由其序，譬如以枵然之腹，入酒食之肆，見其肥羹大胾，餅餌膾脯，雜然於前，遂欲左拏右攫，盡納於口，快嚼而亟吞之，豈不撐腸拄腹，而果然一飽哉！然未嘗一知其味，則不知向之所食者果何物也。」

李光地不但強調要循序漸進，還不能進得太順利：「人於書有一見便曉者，天下之棄材也。須是積累而進，溫故知新，方能牢固。如富貴家兒生來便有得用，他看錢物天然不愛惜。惟辛勤成家，便一草一木，愛之護之。讀書從勤苦中得些滋味，自然不肯放下。往往見人家子弟，一見便曉，多無成就。」

而最重要的，速度的快慢，不如有恆。「今之學者，如登山麓，方其迤邐，莫不闊步；及到峻處，便逡巡。」（程頤·伊川學案）

6 實際閱讀的原則

這個原則就是，拋開你在學校裡所受的讀書方法與感受。

現代的學校，是一個專門破壞閱讀樂趣的機關。「他們經常要學生在不適當的時間看不適當的書，而且堅持學生要以不適當的方法去念書。……於是，不管什麼讀物都濃縮成摘要，任何的概念都用標題式的文句來表達，念書只不過是為

了應付以後的考試而已。」哈羅德·泰勒（Harold Taylor）這麼說，「讀書的唯一方法就是靜靜地把整個人沉浸其中，沒有人提醒你要從中發現什麼，也不需要把它列成一個個要點，而是全心去享受它，去領略作者胸中所蘊含的智慧。」

「對於讀書，一個人所能給別人的唯一忠告便是：不必聽人家的忠告，儘管追隨你自己的本能，運用你自己的理智去獲得你自己的結論。」吳爾芙則這麼說，「我們之所以會恨會愛主要是由於我們與某些詩人與小說家的關係簡直太密切了，以致無法容忍第三者的出現，因此我們不能讓別人來為我們做判斷。」讀詩和小說如此，讀哲學和科學也是如此。

7 實際讀書的方法

有關讀書的方法很多，最推薦你讀的是：《如何閱讀一本書》（艾德勒與范多倫著·台灣商務印書館）。

8 多具備語言能力的重要

獵人要去很遠的地方，也要去很多地方。多具備一些語言能力，有助於探聽獵物的消息，分享不同國度獵人的心得，最重要的，從多方面了解狩獵的知識與智慧。

首先，該了解一些古代的語言。「利用你的青春時日，即使學會一種古代語言的幾個單字，也是值得的。……那些還沒能學會用原文閱讀古典作品的人，其對人類歷史的知識，必然是殘破不全的，因為迄今為止，能真正傳

達原作者旨意的現代語言譯本尚未出現。」梭羅這麼說。

獵人也該具備一些外語能力。一個獵人可能具備的外語能力有多少呢？

一個三十歲向大英博物館求職的年輕人曾經這麼描述過自己：

「對印歐語系及敘利亞－阿拉伯語系之語言與文學均頗熟稔，雖非全部熟知，但擁有一般詞彙及結構方面之知識，僅需稍加用心即可通曉。至於精通之語文包括羅馬語系之義大利語、法語、西班牙東北部加泰隆尼亞地區方言、西班牙語、拉丁語；通曉葡萄牙語、瑞士沃洲、法國普羅旺斯等多種方言。日耳曼語方面，略通荷蘭語……比利時的佛蘭芒語、德語、丹麥語。在盎格魯－撒克遜及密西哥特語方面，本人之研究更為深入，對此等語文有若干研究論文可以印行發表。本人對凱爾特語略知一二，目前正研究斯拉夫語，業已在俄語方面取得頗有用處之知識。在波斯語、古波斯語及梵語方面，因研究比較語言學而粗通，對希伯萊文和古敘利亞文之了解

可閱讀舊約聖經及伯西托本（即古敘利亞文本）聖經；對亞拉姆語、哥普特語及腓尼基語則略遜一籌，僅及〈創世紀〉所載而已。」

那個年輕人是後來編輯《牛津字典》（OED）的莫瑞（James A. H. Murray）。

或者，你想沒法具備這麼多語言能力，那麼最少應該把一種語言「英文」精通。大約一百年前，中國有一位年輕人曾經如此自修英文：

「我小時候藉自修而讀書，在讀外國文名著時，認爲某一章段有精讀而仿作的必要者，於熟讀數次以後，往往將該章段文字譯爲中文，經過一星期左右，則就所譯中文重譯爲英文，譯時絕不閱英文原文，譯畢始與原文比對，於文法有錯誤者固查照原文修正；於文法無誤而用字遣詞不如原文精練者亦參酌修正。」

那個年輕人是後來編輯《萬有文庫》的王雲五。

9 懂得做筆記的重要

張載說：「心中苟有所開，即便劄記。不則還塞之矣。」

胡適談過讀書要四到：眼到、口到、心到、手到。其中，他說：「發表是吸收智識和思想的絕妙方法。吸收進來的智識思想，無論是看書來的，或是聽講來的，都只是模糊零碎，都算不得我們自己的東西。自己必須做一番手腳，或做提要，或做說明，或做討論，自己重新組織過，申敘過，用自己的語言記述過，——那種智識思想

方才可算是你自己的了。」

筆記有很多地方可以寫，紙條、筆記本等等，但是有些人認爲最好的地方是在書本本身的字裡行間。Arthur Lee這麼說：「只有那些假裝愛書的人，才捨不得筆墨，不忍心在書上做記號，才把漂亮的封面看得比書的內容還重要。」

而艾德勒則認爲：「經你標記的一本書即等於你的一部最富智慧的日記；而你把它借出去，無異把自己的心靈拋棄。……那書上包含著你自己的見解與評論，這些正如你的頭與心臟是屬於你身體的一部份一樣，是萬萬不能借人的。」

但是也有人認爲書上還是不做筆記比較好，因爲這樣重看的時候才會重新出現一些感受與領會。所以，獵人遇到真正喜愛的書，要買兩本。一本買來記筆記，一本留存。

10 懂得懷疑的重要

一個獵人，不能不對風吹草動都十分敏感，但是，也不能杯弓蛇影，坐立難安。而這裡面的分寸，就在決定一個獵人的層次。

黃宗羲說：「昔人云：『小疑則小悟，大疑則大悟，不疑則不悟。』……彼汎然而輕信者，非能信也，乃是不能疑也。」

但也不能沒有

理由地懷疑，沒有終止地懷疑。方孝孺說：「始於有疑，而終於無所疑者，善學者也。」

11 碰到困難的態度

獵人，不免會碰上山窮水盡處，不免會掉入陷阱，不免會墜入五里霧中，不免會原地打轉。但不要輕易沮喪。

一方面，獵人要努力思索，因爲朱熹說，這是有回報的：「文字大節目，痛理會三五處，後當迎刃而解。」但是也不要思索得太苦悶，因爲陸九淵說：「讀書不必窮索，平易讀之，識其可識者，久將自明，毋毋恥不知。」薛瑄的解釋更清楚一些：「讀書不可不思索，然思索太苦而無節，則心反爲之動，而神氣不清，如井泉然，淆之頻數則必濁。」

不過，李光地的說法可能最令人安心：「人須要用心。但用過心，不獨悟過好，只疑過也好；不但記得好，就不記得也好。中有個根子，有時會發動。」只要種下個根子，就是留下個線索，來日可以再發動。

12 要回頭溫習

叔本華說：「要求讀書人記住他所讀過的一切東西，是和要求吃東西的人把他所吃過的東西都保存著是一樣的。」

既然無法保存那麼多，所以回頭溫習一些書是很重要的。很多書，每次看有每次不同的感受與心得。但是重讀一本書的時候，有人認爲應該讀你做過筆記的（有助於快速回憶），有人認爲應該讀沒做過筆記的（有助於當一本新書來重新發現）。

13 讀書要精

程頤這麼說的：「書不必多看，要知其約；多看而不知其約，書肆耳。」

蘇格蘭歷史學家卡萊爾（Thomas Carlyle）這麼說的：「我若像他人讀那麼多的書，我也要像一樣無學問。」

但還是李光地說得最好：「須用精熟一部書之法，不拘大書小書，能將這部爛熟，字字解得，道理透明，諸家說俱能辨其是非高下，此一部便是根，可以觸悟他書。如領兵十萬，一樣看待，便不得一兵之力；如交朋友，全無親疏厚薄，便不得一友之助。領兵必有幾百親兵死士，交友必有一二意氣肝膽，便此外皆可得用。」

14 讀書要博

王安石這麼說的：「世之不見全經久矣。讀經而已，則不足以知經。故某自百家諸子之書，至於難經、素問、本草諸小說，無所不讀；農夫女工，無所不問；然後於經

為能知其大體而無疑。蓋後世學者與先王之時異矣；不如是，不足以盡聖人故也。」（〈答曾子固書〉）

胡適這麼說的：「多讀書，然後可以專讀一書。……你要想讀佛家唯識宗的書嗎？最好多讀點論理學、心理學、比較宗教學、變態心理學。無論讀什麼書總要多配幾副好眼鏡。」

梁啓超這麼說的：「今時局變異，外侮交迫，非讀萬國之書，則不能通一國之書。……必能以數年之力，使學者於中國經史大義，悉已通徹，根柢既植；然後以其餘日肆力於西籍。」（〈湖南時務學堂學約〉）

15 讀書要又精又博

這一點，胡適說得最明白：「理想中的學者，既能博大，又能精深。精深的方面，是他的專門學問。博大的方面，是他的旁搜博覽。博大要幾乎無所不知，精深要幾乎惟他獨尊，無人能及。他用他的專門學問做中心，次及於直接相關的各種學問，次及於間接相關的各種學問，次及於不很相關的各種學問，以次及於毫不相關的各種泛覽。……為學要如金字塔，要能廣大要能高。」

16 讀讀閒書

獵人，也是需要休息一下的。所以，他應不應該讀讀閒書，甚至一些所謂的爛書？

當然，我們先不要忘了那些反對的意見。譬如以下。

英國的大學者約翰・羅斯金（John Ruskin）說：「你願意把可以和莎士比亞神交的寶貴時光，浪費在言不及義的閒談上嗎？」

可是，我們也看到另一些例子。譬如達爾文。因為他長期的病痛，他的妻子小心翼翼地保護他的生活不受任何干擾。大約四十年如一日，他每一天時間被仔細區隔，以便他能全力投入四個小時來進行研究。因此，為了放鬆自己，羅曼史小說成了他的休閒娛樂，而他認為，「應該通過法律」禁止悲劇結束的愛情小說。

當然，吳爾芙的發言又是一種參考：「圖書館裡面的書，大部份都是這些男女及傻瓜們記錄下此種瞬間的片刻的產物……像這樣的故事，實在都沒有什麼價值，甚至可以根本忽略不管，可是偶爾當你看這些殘渣，在其中發現戒指般可貴的破碎片段，而把他們重新加以組合時，那又是多迷人的經驗呀！」

而錢鍾書說：「眼裡只有長篇大論，瞧不起片言隻語，甚至陶醉於數量，重視廢話一噸，輕視微言一克，那是淺薄庸俗的看法。」也是同樣的看法。

所以，獵人如何對待自己的休閒，都有道理。不過，不要讓休閒成了主業就是。

17 如何和別人分享經驗

獵人要不要尋找別的獵人來分享經驗，有不同的說法。

李光地說：「出門之功甚大，閉戶用功何嘗不好，到底出門見廣……佛門中遍參歷扣，最是妙義，豈必高明人，就是尋常人亦有一知半解。」

顏之推說：「獨學而無友，則孤陋而寡聞；蓋須切磋相起明也。」

但康德是個例外。這位先生可是一生沒有離開過他的小鎮。

18 狩獵之外的行動與實踐

劉向說：「君子之學也，入於耳，藏於心，行之以身。」（《說苑》）

程頤說：「伊川曰：博學之，審問之，慎思之，明辨之，篤行之，五者廢其一，非學也。」（《近思錄》）

朱熹說：「學之之博，未若知之之要；知之之要，未若行之之實。」（《朱子語類》）

叔本華說：「讀書時，我們的頭腦實際成為別人的思想的運動場了。所以讀書甚多或幾乎整天讀書的人，雖然可藉此養精蓄銳，休養精神，而漸漸喪失自行思想的能力，猶如時常騎馬的人終於會失去步行的能力一樣。」因此，他主張：「被記錄在紙上的思想無異在沙上行走者的足跡；我們也許能看到他所走過的路徑；而若要知道他在路上看見了什麼，則必須用我們自己的眼睛。」

19 如果你有點沮喪自己沒有成為多「專業」的獵人

也許，最後你還是有點沮喪。似乎，你仍然怎麼都算不上是個專業的獵人。

「但是請不要悲觀，我們可以從另一個角度去發揮我們的力量，我們祇需做一個永恆的讀者，我們不必去爭取祇有少數批評家才能擁有的光榮，但是我們有我們身為讀者的責任，……如果身為讀者的我們，能把自己的鑑賞力與判斷力普遍地提高，而形成了時代風氣的一部份，作家在寫作時自然會呼吸到這股空氣，而影響他們寫作的水準……如果透過我們普通讀者的力量，書籍能變得更結實、更豐富、更多彩多姿，這個目標是值得大家去追求的。」

這一段話，是吳爾芙說的。

主要參考書籍：《中國古今治學方法》（王雲五著・台灣商務印書館）、《讀書的藝術》（叔本華等著・志文出版社）、《古代閱讀論》（曾祥芹、張維坤、黃果泉編著・河南教育出版社）∎

選擇獵物的理性與感性

文—郝明義

閱讀既然是狩獵，怎麼選擇標的，也就是獵物，從很大程度上決定了狩獵的成敗。

怎麼選擇獵物，有理性和感性的不同考慮。先看理性。

◎

理性的考慮，就是怎麼判斷獵物的好壞。也就是怎麼判斷所謂的「好書」或「壞書」。

「好書」或「壞書」，談的人很多，但是一不小心會踏入一些誤區。而把這些誤區指得最清楚的人是約翰‧羅斯金（John Ruskin）。

他的說法可以歸納為以下幾點。

第❶，「並不是所有的壞書都不能長久，而好書就一定不朽。」

好書為什麼不見得不朽？因為這些好書本來就註定是暫時性的。他所形容的這種暫性的好書有以下特點：「這類書……通常是很有用處的；有些則……妙趣橫生；……這些書隨著教育的普及而流傳日廣，成為當代的特產。對於這些一時性的書我們應誠懇地以感激之情去讀，而且應

以不能好好利用他們引以為恥才對。」那麼，這種好書有什麼問題嗎？有。因為「嚴格地說它們根本不能算是書，而只是一些印刷精美的書信或新聞而已。……所以那些……博取了你的歡心，告訴你許多趣事，為你解決了許多問題的長信，雖然收集成冊，而當時確實也使你受益不淺，卻不能算是一本『書』，也不是真正值得一『讀』的。」

第❷，那麼，真正值得一讀的，是什麼樣的書？他認為先要從書的本質談起：「書的本質並不是一種可談的東西，而是一種可寫的東西，並且寫下來是為了流傳而不是為了傳述。可談事物之編印成書，只是因為作者無法一下子向數千人演說，只好將他的聲音複製出來，傳述給成千的人聽，要是大家都能同時聽到他的談話，他一定用說的而不用印刷成冊的。」相對地，羅斯金認為，「一本書被寫了出來絕不只是為了要複製聲音，或只是把它傳述出來，而是要使它永垂不朽。書籍的作者覺得有些他認為是至真至美的東西必須表達出

來，而且他也知道至今還沒有一個人說過這些事，也相信除了他再沒有別人能說出這樣的東西來，既然註定是他要說的，所以他就盡可能地把一切記得清晰悅目，這就是書。……他的著作便是他一生行誼與靈感交凝而成的經典或碼碑，這樣的著作才是真正的『書』。」

（摘自《讀書的藝術》‧志文出版）

◎

我個人不太直接談讀「好書」或「壞書」。我的看法是，閱讀一如飲食（狩獵的目的還是為了飲食），只是給頭腦的飲食。談到飲食，一重有無，也就是有沒有得吃；二重均衡，也就是怎麼吃得健康。閱讀，也是如此。一重有沒有繼續閱讀；二重閱讀些什麼，如何從閱讀中得到均衡。

飲食不外乎四種。第一種，是可以吃飽的主食，像白飯、炒飯、炒麵、水餃、饅頭等等。第二種，是可以補充蛋白質的美食，像魚、牛排、大閘蟹等等。第三種，是有助消化的蔬菜水果。第四種，是飯後的甜點，

蛋糕、冰淇淋，或日常的零食等等。

給頭腦的飲食，也可以分成四種。第一種閱讀，為了解決我們學業、工作、生活上的知識需求，像是教科書、企管書、電腦書、語言書、勵志書等等；很像主食。第二種是為了思想的需求，體會人類生命深處的共鳴，思想深處的結晶，像讀文學、哲學、藝術、科學等等；很像美食。第三種，是對於字典、百科全書、地圖等的需求；很像是蔬菜水果。第四種，是為了消遣需求的閱讀。像是羅曼史小說、許多漫畫、寫真集等等；很像甜點。

閱讀如果可以用飲食來比方，那就應該有三個認識：

第❶，飲食的「好」或「壞」，不要斷然以飲食的類別來分。譬如一想到漫畫就是不好的飲食。

第❷，每一類飲食都有「好」、「壞」之別。美食類的牛排和大閘蟹，照樣有品質的問題。因此每一類飲食都應該分別其中的「好」、「壞」。

第❸，必須注意飲食的均衡，不要偏食。偏食甜點固然不好，容易營養不良；偏食主食，光吃米、麵，也吸收不到充分的營養，遑論飲食的精髓。（請參閱我們第一本書《閱讀的風貌》中〈給頭腦的四種飲食〉一文。）

◎

至於要用感性來選擇獵物，就不談了。卡爾維諾說得已經太好了：

・你未讀過的書
・你不需要讀的書
・為閱讀以外之目的製作的書
・你打開之前已讀過的書──因為屬於寫下前已被閱讀的種類

・如果你的命不只一條，必定會讀的書（可惜你的日子屈指可數）
・你有意閱讀但卻得先行涉獵其他而不克閱讀的書
・目前太昂貴，必須等到清倉拋售才讀的書
・目前太昂貴，必須等平裝本問世才讀的書
・你可以向人家借閱的書

・人人都讀過，所以彷彿你也讀過的書
・你多年以來計劃要閱讀的書
・你搜尋多年而未獲得的書
・和你目前在進行的工作有關的書
・你想擁有以供需要時方便取用的書
・你可以擱置一旁，今夏或許會讀一讀的書
・突然莫名其妙地引起你好奇，原因無從輕易解釋的書

・好久以前讀過，現在該重讀的書
・你一直假裝讀過而現在該坐下來實際閱讀的書

・作者或題材吸引你的新書
・（對你或一般讀者）作者或題材不算新穎的新書
・（至少對你而言）作者或題材完全不認識的新書

（摘自《如果在冬夜，一個旅人》。時報出版） ■

資料庫

文—葉原宏

　　資料庫，依使用權限可分為開放與不開放兩種，開放的資料庫可用一般的搜尋引擎從中尋找到想要的資料；不開放的資料庫一般要付費使用，並且大部分都必須使用其自製的搜尋引擎才能進行檢索的動作。而依儲存格式區分，則資料庫可分為「全文資料庫、關聯式資料庫、影像數據資料庫」三種。以《史記》為例，全文資料庫就是將此書的全文數位化後的結果，影像數據資料庫就是將此書用光學掃瞄的方式將整本書的內容掃瞄成圖形檔之後的結果，至於關聯式資料庫的概念則比較複雜。關聯式資料庫的概念是1970年由數學家庫德（E. F. Codd）博士提出的，這種類型的資料庫因為採用「關聯式資料模型」來做為資料庫的組成架構，因有此

名。這種資料庫有兩個特點，一是搜尋到的結果皆以表格的方式呈現，二是新表格產生於舊表格之中。因此，這種資料庫適用於諸如圖書館的書目查詢等等需求。

　　然而不管是哪一種形式的資料庫，當你在使用它時，總會有幾個共通的問題是要面對與解決的。這些問題可以區分為三大類，一是中文系統的問題，這又包含收字不足、自製非通用字庫、重複編碼等問題；二是搜尋引擎的智能問題；三是中文使用規範化的問題。

　　收字不足，那麼當你想要尋找內含這些未收字的資料時，就得遭遇不能輸入文字以及因此而來的找不到資料的問題，這個問題必須依靠政府來加以解決。又正是因為中文系

統收字不足，使得許多學術機構或者個人在輸入資料時，必須面對自行造字的問題，而這就形成了自製字庫本身文字內碼不通用的問題。在這種情況下，自然還是無法用一個內碼去搜尋到所有共同表示某個字的內碼的資料，就更別談那些利用形形色色的組字法做替換或者乾脆讓缺字的地方「空著」的資料庫了。而這個問題，自然還是得由政府出面來統一解決。重複編碼或者相近的由繁簡轉換時因文字結構過於相近而未加以轉換所產生出的問題，將導致你輸入了「看似」相同的字卻找不到相應的資料的結果。因為重複編碼將兩個同樣的字編了不同的內碼，因此輸入了甲內碼以搜尋利用乙內碼建立的資料庫，那麼自然是無法找到想要的資料的。而

蛋糕、冰淇淋，或日常的零食等等。

　　給頭腦的飲食，也可以分成四種。第一種閱讀，為了解決我們學業、工作、生活上的知識需求，像是教科書、企管書、電腦書、語言書、勵志書等等；很像主食。第二種是為了思想的需求，體會人類生命深處的共鳴，思想深處的結晶，像讀文學、哲學、藝術、科學等等；很像美食。第三種，是對於字典、百科全書、地圖等的需求；很像是蔬菜水果。第四種，是為了消遣需求的閱讀。像是羅曼史小說、許多漫畫、寫真集等等；很像甜點。

　　閱讀如果可以用飲食來比方，那就應該有三個認識：

　　第❶，飲食的「好」或「壞」，不要斷然以飲食的類別來分。譬如一想到漫畫就是不好的飲食。

　　第❷，每一類飲食都有「好」、「壞」之別。美食類的牛排和大閘蟹，照樣有品質的問題。因此每一類飲食都應該分別其中的「好」、「壞」。

　　第❸，必須注意飲食的均衡，

不要偏食。偏食甜點固然不好，容易營養不良；偏食主食，光吃米、麵，也吸收不到充分的營養，遑論飲食的精髓。（請參閱我們第一本書《閱讀的風貌》中〈給頭腦的四種飲食〉一文。）

◎

　　至於要用感性來選擇獵物，就不談了。卡爾維諾說得已經太好了：

· 你未讀過的書
· 你不需要讀的書
· 為閱讀以外之目的製作的書
· 你打開之前已讀過的書——因為屬於寫下前已被閱讀的種類

· 如果你的命不只一條，必定會讀的書（可惜你的日子屈指可數）
· 你有意閱讀但卻得先行涉獵其他而不克閱讀的書
· 目前太昂貴，必須等到清倉拋售才讀的書
· 目前太昂貴，必須等平裝本問世才讀的書
· 你可以向人家借閱的書

· 人人都讀過，所以彷彿你也讀過的書

· 你多年以來計劃要閱讀的書
· 你搜尋多年而未獲得的書
· 和你目前在進行的工作有關的書
· 你想擁有以供需要時方便取用的書
· 你可以擱置一旁，今夏或許會讀一讀的書
· 突然莫名其妙地引起你好奇，原因無從輕易解釋的書

· 好久以前讀過，現在該重讀的書
· 你一直假裝讀過而現在該坐下來實際閱讀的書

· 作者或題材吸引你的新書
· （對你或一般讀者）作者或題材不算新穎的新書
· （至少對你而言）作者或題材完全不認識的新書

（摘自《如果在冬夜，一個旅人》。時報出版）

獵書先獵人

現代獵頭族的武器——討教與聆聽。

文—趙藻

廣東的一位名編，文能先生，寫過一篇經驗談，題曰：《閱讀與傾聽》。他認為，「閱讀對瞭解一個作家固然重要，但更多時候，傾聽是一種更加難能可貴的品質，而且會獲益匪淺」。「善於閱讀和傾聽，我認為是當好一名文學編輯必備的素質」。（《藝海雙槳》，陳思和等編，山東畫報，1999）

獵人「談」

這裏說的閱讀與傾聽的關係，似乎不僅僅適用於編輯，也適用於一切獵取知識的人。而且，從某種意義上說，可能「獵人」的作用還大於「獵書」，——假如你不是一個專家，而只是求「橫通」而已。

獵人而成名家的，於史有證。當然，首先是指書本還沒有大盛之時。如古希臘，那時盛行辯論術，因此要考究說話，現今的「修辭學」（Rhetoric）一詞便是由此而來。這種學問在雅典民主時代特別發達，因為無論在法庭和議會，都得靠講話服人取勝。自然而然，當時「獵人」的需要便大於「獵書」。雖然現在沒有留下當年的錄音，但是時今留存的當年的論著，大多是對話，便足以說明這一點。

我們記得起來的相當完整的「獵人」紀錄，而且是有中譯本的，當推《歌德談話錄》。近代以來，很少有人像愛克曼（J. P. Eckermann, 1792-1854）那麼幸福。此人自幼失學，到十四歲還不會看書寫字。以後自學畫藝，直到認識歌德等人，才研習詩歌。1823年他拜訪歌德，在以後漫長的九年歲月裏，他不斷去歌德家請教，耐心地把值得注意歌德的談話記錄下來。愛克曼當時生活並不寬裕，只是一個半工半讀的學生，卻安份守己地做一個盡職的「聽眾」和「記者」。《歌德談話錄》的中譯者朱光潛先生說：「愛克曼在德國和在世界聞名，全靠《歌德談話錄》這一部書，他（本人）的詩和詩論雖已出版，卻沒有引人注意」。

想必早年英、法社會中頗多此種文雅之士的「獵人」行為，可能還甚於「獵書」。只要想想法國的沙龍就夠了。據一位研究者說，法國人天生有言談才能：「優雅精巧的舉止，言談中的微妙韻味，都是難捉摸的東西。發生在兩個世紀前的言論，如果在今天僅僅透過文字去領略，就像是已經散盡了氣泡的香檳。在文字中，我們或許仍可把握一些東西，比如事件、修辭、思想乃至詞句，然而當時的神采已經無跡

可尋了」。（梅森《法國沙龍女人》，中國社會科學，2003）直到法國大革命，聊天的沙龍還是時有舉行。當然，勇敢如羅蘭夫人，已經覺得在沙龍中「言論氛圍太窒息，太壓抑」，因為「她鮮明的個性和英雄化的形象只有在宏大的社會舞臺中才能更清楚地凸顯出來」。

特派任務

法國當年的這種情況頗能說明中國的事情。中國應當說歷來有「清談」的雅興，可是一到了「革命」之際，人們都會覺得單靠清談是不過癮了。遠的不說，在中國六十年代就產生過一件與此略有關係的小事。一九六二年，上海的一位學術前輩羅竹風先生寫了一篇文章，題為《雜家》，為當編輯的呼籲。他稱編輯為「雜家」，是指這行業要求知識面廣，因此必須同作家廣泛交往，「動靜結合」。所謂「交往」，當然首先是指當面請益，即指「獵人」。哪知當時正是抓「階級鬥爭」的關頭，上海的姚文元一見此文，立即判定為修正主義大毒草，迎頭痛擊。在革命家看來，編輯首先就是革命的工具，哪容你同作家談書論文，更不許在一起吟風弄月。於是，在「無產階級全面專政」之下僅有的一些風雅被掃蕩殆盡。在六十年代的後五年，編輯除了本身為「軍宣隊」、「工宣隊」專政而外，他們主要工作是給作家寫大字報，貼到作家門口，指出這個「地主資產階級的孝子賢孫」多少年來散布了多少多少資產階級的毒素，又「騙取」了人民多少稿費。於是，編輯本身又變成「專政」的工具了。

其實，大陸的老編輯們素有「獵人」的傳統。張元濟、陸費伯鴻不去說它，就說王雲五吧。在大陸進步學人看來，王雲五是出版業中極其不堪的人物，因為他提出一些內部管理辦法，限制了不少編輯人員的活動。其實，據現代大陸最流行的研究，王雲五主持商務印書館期間，各方面均有新貌，號稱開創時代的人物。例如他之所以印出《四庫全書珍本初集》等書，就是同一批學人反覆商討、請教的結果。

就我們所常稱道的「進步出版家」說，則胡愈之先生可稱「獵人」的第一位行家。陳原先生就曾稱道胡「不是書呆子」，「是積極的社會活動家」。胡生前禮賢下士，提出無數有益於「獵人」的主張。例如，他在居高位以後，還提出做文化工作要廣開三路：「言路」、「才路」、「財路」，這就必須同各界才人有廣泛交往。因此，他主張辦「一個大型綜合性的雜誌《群言堂》」。目前大陸的《群言》雜誌能否做到如胡老要求的，是另一問題。不論如何，刊名想必由此而來。

本文作者為青年文字工作者　　■

資料庫

文—葉原宏

　　資料庫，依使用權限可分為開放與不開放兩種，開放的資料庫可用一般的搜尋引擎從中尋找到想要的資料；不開放的資料庫一般要付費使用，並且大部分都必須使用其自製的搜尋引擎才能進行檢索的動作。而依儲存格式區分，則資料庫可分為「全文資料庫、關聯式資料庫、影像數據資料庫」三種。以《史記》為例，全文資料庫就是將此書的全文數位化後的結果，影像數據資料庫就是將此書用光學掃瞄的方式將整本書的內容掃瞄成圖形檔之後的結果，至於關聯式資料庫的概念則比較複雜。關聯式資料庫的概念是1970年由數學家庫德（E. F. Codd）博士提出的，這種類型的資料庫因為採用「關聯式資料模型」來做為資料庫的組成架構，因有此

名。這種資料庫有兩個特點，一是搜尋到的結果皆以表格的方式呈現，二是新表格產生於舊表格之中。因此，這種資料庫適用於諸如圖書館的書目查詢等等需求。

　　然而不管是哪一種形式的資料庫，當你在使用它時，總會有幾個共通的問題是要面對與解決的。這些問題可以區分為三大類，一是中文系統的問題，這又包含收字不足、自製非通用字庫、重複編碼等問題；二是搜尋引擎的智能問題；三是中文使用規範化的問題。

　　收字不足，那麼當你想要尋找內含這些未收字的資料時，就得遭遇不能輸入文字以及因此而來的找不到資料的問題，這個問題必須依靠政府來加以解決。又正是因為中文系

統收字不足，使得許多學術機構或者個人在輸入資料時，必須面對自行造字的問題，而這就形成了自製字庫本身文字內碼不通用的問題。在這種情況下，自然還是無法用一個內碼去搜尋到所有共同表示某個字的內碼的資料，就更別談那些利用形形色色的組字法做替換或者乾脆讓缺字的地方「空著」的資料庫了。而這個問題，自然還是得由政府出面來統一解決。重複編碼或者相近的由繁簡轉換時因文字結構過於相近而未加以轉換所產生出的問題，將導致你輸入了「看似」相同的字卻找不到相應的資料的結果。因為重複編碼將兩個同樣的字編了不同的內碼，因此輸入了甲內碼以搜尋利用乙內碼建立的資料庫，那麼自然是無法找到想要的資料的。而

繁簡轉換時，因轉換程式設計者「眼拙」而未加以進行轉換者有諸如「爲、麼、眾、產、啓」等字，而繁體字的內碼本就與簡體字的內碼不同，因此輸入了繁體的內碼自然找不到還是以簡體內碼儲存的文件之資料。

搜尋引擎智能不足的問題，尚包含有過於精確而不夠模糊的問題。而這個問題的極端狀態則反映在影像數據資料庫的搜尋檢索上，影像數據資料庫的檢索方式是依靠光學字符識別技術（OCR）來進行檢索的，因此如果它的辨識率極差，或者影像本身太過模糊使它難以正確地加以辨識，那麼你還是無法從中找到想要的資料。而一般的問題則是諸如，你無法用「管仲」找到「管 仲」（空格差異），用「孔明」找到「孔，明」（標點錯誤）。

中文使用規範化的問題，多種多樣，諸如「家具」又作「傢俱」、「散佈」又作「散布」、「手錶」又作「手表」，台灣說「奈米」大陸說「納米」，台灣說「神父」大陸說「神甫」。輸入前者，無法讓你找到後者。而這個問題，雖然也不是個人可以完全解決的，但目前也只能由個人來自行解決。

除此外，資料庫本身也有兩個問題，就軟體方面而言，資料庫的建立可能是採用光學字符識別技術將影像文件轉換成電腦字符，那麼其識別技術的高低就決定了其資料庫的準確度；再者，如果是採用人工打字輸入的方式，那麼選用的版本之良窳以及文件校勘的精粗就是決定其資料庫資訊品質的關鍵了。就硬體方面而言，如果儲存資料庫的硬體剛好損壞，或在就在尋找的資料段上發生毀損，那麼自然還是找不到該筆資料。而如果原本的資料就是錯的或者損毀了，那麼你又如何能期望用正確的文字、內碼去找到錯誤或損毀了的文件呢！

因此，網路上或許有著無盡的資料，但不表示能讓你順利找到。而有時候，找不到卻不表示它不存在；而找到了，也不表示它正確。網路資源或許讓人取之不盡，但通常也因此使人一無所得，因爲在眾多而分歧的資料裡，你無法判別究竟哪一個才是正確而可信的。至於究竟哪一個才是正確而可信的呢，那就不是個人所能加以解決的問題了。　■

一天傍晚的Search經驗

文—傅凌

在一個快過年的傍晚，天色黑黑的，我和一個剛去美國回來的朋友通起電話。電話裡，她跟我講起一個前一陣子看過的電影。電影的情節一下子就吸引住我，所以就聽了下去。

一個女孩子從小在花店長大。她父親經常要她送花去一些地方，其中包括了一個殯儀館。她因為這樣而不但不害怕死亡這件事情，長大後還去學醫，然後有了更多接觸屍體的機會。然後，她有了戀屍癖，甚至會和屍體做愛。再來，她有了一個男友，但是他始終沒法真正接觸她靈魂的深處。男友發現了她的癥結，甚至假扮屍體和她做愛，不過，當然還是沒有法度。最後，一天深夜，男友打了通電話要她出去，等她趕到推門而入的時候，男友望了她最後一眼，然後……

這個故事的結尾不講了。總之，她激動地說這部電影有多麼邪惡、色情等等。我雖然平常不愛看這種電影，但是被她說得起了好奇心，於是問她記不記得叫什麼片名。

沒有印象。我問她演員是誰。也不知道。「不過，那個男演員好像年輕時候的彼得‧奧圖啊。」她說。

「那是不是彼得‧奧圖啊？」我問。

「不是，不是，絕對不是。」她一口咬定。

她能給我的訊息就這麼多。

可是我很想看看這部電影。打電話問跑影劇線的朋友？求人不如求己。我決定上網查查。

先上Google吧。隨便鍵入一個 "dead body"。當然看不出個所以然。（如圖1）

再鍵入一個 "love"。仍然不行。（如圖2）

我決定轉變戰場，去電影網站看看。於是去了常去的reel.com。但是一打開新的視窗，就先發愣了幾秒鐘。要查什麼？Horror？Sex？人

家 的 Search Engine只 有
"Actor"、"Director"、"Title"
三個選項。而我對那部電影
的這三個項目一無所知。
（如圖3）

忽然想起那個演員長得
很像年輕時候的彼得·奧
圖，所以就鍵入了"Peter
Otoole"，但是跳出來的畫面
說是查無此筆。（如圖4）

那一定是我拼錯了他的
名字。這簡單，我只要去找

《阿拉伯的勞倫斯》就可以回
頭找到他的名字。但是怪
了，在"Title"項下鍵入了
"Laurence of Arabia"之後，
跳出來的畫面仍然說是查無
此筆。（如圖5）

沒關係，我記得導演是
David Lean，從"Director"的
選項下鍵入之後，這次沒
錯，很快地找到了他導演的
《阿拉伯的勞倫斯》，這一來
我有兩個發現，一個是把
"Lawrence"錯拼爲
"Laurence"，一個是彼得·奧
圖的正確拼法是"Peter O'
toole"。（如圖6）

由 此 再 拉 出 Peter O'
toole的作品清單，瞄一眼也
知道不必再看了。又不是他
演的，只是一個長得像他年
輕時候的人哩。（如圖7）

我決定再回到Google。
突如其來地想到，何不在
"dead body love"之後再鍵入
一個"Peter O'toole"試試。
但是，出來的畫面一片汪
洋，看不出什麼跡象。（如
圖8）

圖8

我想，換個檢索的字吧。我在"dead body"之後，拿掉"love"，改用一個"obsession"。到了戀屍癖的程度，應該用"obsession"（執迷）來試試看。然而，還是一片沙漠，光看頭三項就覺得不值得再把畫面拉下去。（如圖9）

圖9

這樣，我在"dead body obsession"之後再鍵入"Peter O'toole"試試看吧。跳出來一個畫面。（如圖10）

圖10

我懶洋洋地看著。第一項沒什麼好看的，第二項也是。但是，但是，哇！！！你看這第三項底下的說明是什麼！（如圖11）

圖11

... to teach her embalming and eventually takes college classes that teach her the intricacies of the human body. She later takes up with Matt, a young medical student (Peter Outerbridge, who resembles the young Peter O'Toole), to whom she readily confesses her obsession with the dead,

admitting that ...

哇哈哈，被我逮到了！

我很快地按進去，是一篇影評，談的就是那部電影。（如圖12）

圖12

沒問題，從這一頁，我起碼得知了這部電影的片名叫"Kissed"，回頭再去reel.com找就是了。

我再回去，有了片名，一下子就找到了，1997年的電影，演員是Molly Parker、Peter Outerbridge，導演是Lynne Stopkewich。一個都沒聽過，能找得到才怪。（如圖13）

圖13

我想買這一部電影，但是看看下面的說明，只有VHS錄影帶，而我沒有錄影機。所以再回到Google 的視窗。試試看，再在剛才的地方多鍵入兩個字 "Kissed DVD" 的字，看看有沒有。（如圖14）

圖14

瞄了一眼跳出來的畫面，又來了，才剛為網路搜尋的厲害而歡呼，它就又糊塗了。什麼相干不相干的字都混到一起，卻就是沒有我想要買的DVD訊息。

不過，算了，不罵它了。這個網路，起碼幫我完成了這篇文章想要說明的事情。

後記：

　　這些事情說時遲那時快，其實從我開始上網，到發現那個天馬行空的尋找還真的找到了目標，為之狂叫歡呼的時候，其實不到三分鐘。我相信即使我要打電話找那個很懂電影的朋友，而且他也能為我找到答案，所花的時間也一定不只如此。

　　這次經歷所體現的，其實就是網路的神奇。我能從幾乎一無所有的資料中，兩三下就找到這部電影，完全歸功於在茫茫眾生中，另外有一個人也和我的朋友一樣，也深深覺得那位男友長得很像年輕時候的彼得奧圖，並且把這一點寫在他的影評中。然後，另外一個人雖然是捕風捉影，天馬行空地想像，但透過兩個人共同的感覺用詞，找到了目標——兩條線交會，就把那個點給定位了。

所以，使用網路搜尋的重點，應該可以有以下的歸納：

1. 懂越多的語言越好——有的東西中文裡找不到，英文裡有；英文裡沒有的，別的語言裡有。

2. 興趣越廣泛越好——有的東西在這個領域的網站找不到，在其他領域的網站有辦法。

3. 狂想越大越好——不要怕狂想聯結找不到老師會罵你。

4. 可以使用的字彙越多越好——最好懂 "Love" 和 "Obsession" 的十五種類似詞。

5. 不要怕拼錯字——除了有些搜尋網站可以當字典來提醒拼字不說，一般只要有資料庫的網站使用得當，也可以幫你交叉定位，找出正確的字或名字。

6. 要有追根究柢的精神，不過，也要訓練沙漠裡看駱駝尾巴的眼力——如果非要每個頁面都一項一項打開來看，你會累死。

7. 要很會使用Google，但是，也絕不能只使用它一個工具——它是個大百貨公司，但是也要有些精品店可去。

8. 要捨得加入一些付費的資料庫——最起碼要再加入一個權威、付費的百科全書資料庫，一個付費的新聞資料庫，一個和你專業有關的資料庫。拿這些資料庫和Google這種搜尋網站搭配使用，有不同的對話樂趣。

9. 使用的電腦和頻寬，要能同時打開十個網頁視窗，再同時加四個文字檔的操作，而流利順暢，一如你只打開一個Text檔工作一樣。　■

影音追尋

電影散場後我惶惶然走出來，陽光依舊，
街道依舊，世界卻從此變了。

文—柯裕棻

1979年電影《錫鼓》劇照。

知識的追尋經常始於意外，當一件令人震驚的事物為我們發覺、體驗，那就是知識的開始，那是一種迸生。那是舊的自己和新的事物擦撞的火花，有時，星星之火會燃起一陣猛烈的火焰，改變我們原有的視野，給予我們新的土壤和契機。

很難說我究竟是什麼時候開始對十九世紀末到二十世紀前半葉那幾十年的文化和歷史感到心動，我想絕不是歷史課本，沒有哪個人會對當時東亞以及全世界的苦難歷史感到興致勃勃。我是不小心的，國中時某個不唸書的苦悶週末，誤買了一張電影票，下午一點半的場次，獨自看了《錫鼓》這部德國電影，就陰慘慘地在電影院的木頭座椅上啟蒙了。

對於一個未成年少女而言，這部關於拒絕長大的小男孩的電影，是過度沉重了。我發現原來世界是黑暗的，而且人類是徬徨可笑的。電影散場後我惶惶然走出來，陽光依舊，街道依舊，世界卻從此變了。

後來我才知道那是德國戰後文學大家君特・葛拉軾（Günter Grass）的小說改編電影，但是當年我什麼也不知道，我只是想弄清楚，德國究竟是怎麼了，他們對於那段歷史到底有什麼打算。我重新把小時候讀過的安妮法蘭克的日記翻出來，而且豁然明白了書中揭露的恐懼。從此德國和基督教文明成為我困惑的主題。

所以後來我立刻掉入了當時十幾歲年輕人一定都摸索過的赫曼・赫塞（Herman Hesse）的小說，不管懂或不懂，我帶著比念教科書更大的熱誠，把

當時新潮文庫的赫塞作品全讀了，而且波及相關的作家，只要是我覺得和德國有關的作品，立刻不由自主啃了下去，這包括了齊克果（Kierkegoard）和卡夫卡（Kafka）。當年當然什麼也不懂，可是那些艱深的翻譯文字給我彷彿聖經也似的力量，使我對於二十世紀初期的西方文明和現代社會概念產生了非常模糊但是也非常熱切的追尋。

從困惑開始，從西方追尋到東方

碰到了新潮文庫，就不免讀到其他的法國存在主義作

品，我家裡有幾本存在主義的小說，在我很小的時候就已經給了我不小的驚嚇，此時我慢慢兒懂得他們的故事主旨，而且台灣作家中討論到相關主題的史作檉和王尚義我也都挖出來細讀。

然後我意外地讀了紀德（Gide）。由於我生長自一個新教家庭，紀德是個新教徒這件事使我感到親切，於是我又開始猛啃法國小說，而且我一直很想明白，到底尼采說「上帝已死」是什麼意思。我當然沒念出什麼大道理，不過，因著這一連串的困惑，我在幾年之間囫圇吞棗念了手邊可及的德國和法國文學，而且這種環繞著宗教的困惑和熱誠在往後的人生裡始終不曾散去。

同時我也拼命看關於那個年代的歐洲電影，當時台灣進口的歐洲片都相當灰暗，即使是表現手法最直接的法斯賓達（Fassbinder）也令人難過。而且，黑白片的調子、歷史反思的主題、加上從青春期延伸下來的苦悶感，那種沉悶的氣氛和早前的閱讀經驗，使我誤以為歐洲是個陰森森而且壓抑得

不得了的地方，這種肅穆的時代感絕對與後來台灣漸漸興起的浪漫歐洲想像大大不同。我從未想過歐洲有甜美的歲月，和一大片帶著薰衣草香的陽光田野；我腦子裡的歐洲是濕冷的馬鈴薯田和精神崩潰的齊克果，像孟克（Munch）的畫那樣張大嘴巴吶喊。

我反而是從《第三情》（*Henry and June*）這部電影開始，感觸到那個年代原來除了冷血的殺戮和艱深的哲學之外，另有一番旖旎的面貌，非常之絢爛，像克林姆特（Klimt）那種繁花似錦的畫，我漸漸了解，那其實也是個頹廢的年代。

*Henry and June*是關於亨利‧米勒（Henry Miller）這個美國作家在巴黎的故事，時代大約在1930年代左右。那部電影的音樂、藝術背景和故事使我著迷，我開始尋找那個年代的小說和音樂，德布西（Debussy）的音樂因此有了新的意義，爵士樂也變得重要了，我開始注意葛希文（Gershwin）的曲子。當然，我立刻讀了亨利‧米勒，並且發現他其實和

費茲傑羅（Fitzgerald）的時代相近，我又大量讀了同時代其他作家的作品，而且我發現這時期的小說裡經常提到許多同期的藝術家，所以我又開始追尋現代主義的藝術作品，這種關注的擴張使我開始讀更冷更硬的東西，近代西方的文化理論於是逐漸顯現，並且盤據了我的人生，成為新的追尋主題。

我越追越遠，但是也越追越回到東方，我開始看回民國初年的小說，因為這個近代西方的理解接上了魯迅和整個五四運動，我明白這些原來是和舊社會崩解的現代性經驗相關，那是關於個人和集體的掙扎，那是意義瓦解和重建的年代，那是狂熱和痛苦的年代，思考是桎梏也是自由的追尋。

而這一切關於困惑與啟蒙的狂熱，如果不是那些電影和音樂，如果不是那些畫和小說，如果我單單只從理論著手，我絕對無從感受其中的張力。此時我回顧青春，終於明白了卡夫卡，以及那些神經兮兮的歐洲人。

本文作者為作家　　　　■

Case Study

咖啡的學問

相思李舍主人的經驗

整理—藍嘉俊

攝影—賀新麗　徐欽敏

國父紀念館附近一個巷子裡的相思李舍，老闆李威德，本來在一家知名的建築師事務所工作，八年多以前，因為妻子懷孕，想要轉變人生也照顧家人，就決定辭了工作開一間咖啡店。李威德先是利用自己的專業，一磚一瓦地重新設計了這間咖啡店的空間，然後再一點一點佈置出店裡的氣氛與感覺。然後，他發現自己店的空間雖然已經非常獨特，但是咖啡的本身卻很一般，所以不得不開始從頭學習了解咖啡。今天相思李舍可以列名台北最好（也最貴）的咖啡店，李威德的學習過程，也成為閱讀狩獵的最佳個案研究（Case Study）。

咖啡的學

Study 1：
交叉包圍的學習傾向

過去我不論研究建築，還是休閒時候玩潛水、修車、讀科幻小說，可以說是一個又認真又愛玩的人，也總是能從過程中得到滿足。不管是學修車是學潛水，都當自己是最專業的人來學。「如果我不能我就一定要，如果我一定要我就一定能」，不打馬虎眼，這是我的人格特質。

我決定學咖啡之後，就戒掉以前一天喝一瓶的威士忌，然後把咖啡、茶、紅酒三樣東西一起學起來。之所以要如此，是我學東西本來就喜歡用好幾個方向包圍一個目標，像漩渦一樣包進去。咖啡是我的目標，但是我還想藉由對茶、紅酒的交叉比對來認識飲料的味覺、嗅覺甚至視覺，進而從不同的角度了解咖啡。

後來我發現這種交叉瞄準的方法很有助益。譬如書上說咖啡裡有一種Black Currant。研究了半天不知是怎麼回事。後來我發現紅酒和花果茶中也都有Black Currant，再後來又發現，原來Black Currant指的就是鼻尖能嚐到的一種果酸。我覺得接觸任何知識都應該先要抓架構，對應，比較出其中的差異化。

Study 2：如何利用「人」——引路人，印證人

人是很重要的。我會先找引路人。因此不斷明查暗訪哪裡有人懂咖啡。要了解咖啡的生豆，找一個人；烘培，找一個人；萃取，找一個人；保存，找一個人。只要能找到一個對的人，願意跟你解釋，就行了。但是，人家只能指一個方向，一個很大的方向。實際的路總要自己去走，去捉摸。

不同時候的不同的人，有不同的作用。譬如我也去跟一些咖啡豆商請教，他可能已經是台灣公認的專家了，但我發現他沒有化學方面的基礎。或者，這個進口商可能只懂英文的資料，老一點的懂的也許是來自日文，但他們面對的不是全世界——缺掉的部分就要自己去把它補齊。自己對咖啡有一個程度的認識和體會之後，還要再找一個印證的人。這時再找一個有二十年經驗的老師傅，就對了。

Study 3：如何利用「書」──
入門書、產品型錄、專業手冊

找書要先去書店。我在書店看書看得很慢，先看個大概，再決定買不買回去。（我太太則是覺得書不錯就先買，買了回家再看。）

談咖啡的書籍很多，但很多只是剪貼來的。可是起步的時候也不要怕碰到爛書，一本書只要其中有一個觀念受用就夠了，把這些知識慢慢蒐集起來，就成為自己的書了。我的經驗是，看入門書，二十本取一就不錯了。所以看四十本書，找得到二、三本真正可用的書，就夠了。

除了入門書之外，咖啡機器的型錄（Catalogue）也要讀，這些型錄會告訴你如何使用這個機器。

再來就是參加國際咖啡協會。協會裡有一本2000多頁的手冊，介紹各地咖啡生產國等非常實用的知識，這是真正專業人士看的書。如果需要一些冷門、生硬的資訊，哪裡都找不到時，就要上圖書館，或託人到國外買書。因為國內有些書翻譯的不好，或只是剪貼的拼裝書，這時就有讀原文的必要，過程很累、很辛苦，但要把它當作必修學分來完成。

Study 4：怎麼看書

我從小很崇拜情報員，一直練習用大腦當照相機。我在建築師事務所工作的時候，十幾個案子都是用腦子記。我認為除非要忘記的東西，不然不用筆記。書裡如果讀了有所體悟，就是有能量；凡是書裡面沒有（Energy）的，就是垃圾。過去只讀特定的書，現在只讀廣泛的書。過去讀所有的書都是當工具書看，一面看一面給作者打分數，現在會沉住氣看一本書的作者如何用全部的生命投入。要讀到人家的心，要用更簡單的方式。有時候拉開一段距離，反而才可以拉近。人生告訴我們：上來快的人，下去也快，因為貢高我慢。換到閱讀上也是。我曾經花了八個月看了二、三十本書，一下子就覺得自己很厲害。後來碰上台大一位教授，才知道人家在這個領域裡讀了幾十年，幾千本書，這才知道自己這麼努力，還只是一分的成績。

可是，也不用妄自菲薄，因為那些教授沒有煮咖啡的實戰經驗，沒有像我一樣面對過幾萬人。所以要知道天生我材必有用。

Study 5：如何自我覺知、懷疑與實驗

我讀書，但是並不會把書當成聖經來膜拜。每本書都只代表了作者個別的生命經驗，我要的只是從中尋找作者的創作原點，精髓所在。讀過的所有東西，到我身上，還是要由我的價值來判斷。

對於書籍或別人所提到的東西，我會抱持一種懷疑的態度，也常問「真的是這樣嗎？」總要用真材實料做實驗、驗證後才算數。比如書上說摩卡咖啡有五種芳香族群，可是一開始我找不到，那是豆子不對？還是我味蕾、鼻子不對？於是就過幾天再來試試看。那是一個不斷失敗、不斷實驗的路程。煮三分鐘不對，煮二分五十七秒不對，那就要不停地煮，即使之前已經煮了七千多杯咖啡，味道不對，還是要再煮，一定會有結果的。所以我們店裡的下水道應該是全台最香的，因為都是咖啡味。

接下來，我會找出其中的差異性，這需要細緻的觀察。就像潛水教練必須要告訴你加勒比海、紅海、太平洋的不同在哪裡，中美洲、非洲、亞洲的咖啡豆子一定有它的差異性。

如同我們眼睛只能看到可見光波，一般人的嗅覺感知區間都是差不多的。所以我戒煙、吃素，不斷自我訓練，讓味蕾變敏銳。這是需要時間的。例如香水，專家能分辨1000多種，我到100種就昏頭轉向了，一般人大概只有20多種。但人是會慢慢進步的。我認識咖啡也是，從1、2種到100種、200種，逐步累積而來──你不可能只看了幾本書就天下無敵，武功倍增了。我常對客人說，咖啡的芳香族群有800種，現在介紹的不過8種，只有百分之一而已，路還長著。

Study 6：怎麼使用網路

我是後來才上網的。但我覺得網路上的只是資料，能給你的東西只有60%，你要另外那40%的東西，細的東西，一定要從書籍裡找。

Study 7：
狩獵的體悟

　　很多東西都有共通的特性。如酒、咖啡、榴槤都有硫的味道，好的紅酒與咖啡，杯底會有玫瑰花香味。回到最原始的狀態，酒、咖啡或茶都是從植物裡出來的，因此都會有花果、甜蜜、草、陳木的成分。好東西一定有共通的東西，好的飲料無非就是香、甘、柔、順、滑、細、甜。

　　早期自己覺得懂了咖啡之後，我埋首在800種香味中，滔滔不絕的向顧客介紹，要什麼煮什麼，喝下去的感覺看是集中在舌根，舌尖，還是舌緣等等……覺得真是過癮。但知道越多就越感覺自己的不足。到了今年十月，一個偶然的機會裡看一個人的畫，突然領悟到：煮咖啡就和繪畫一樣，你可以畫一張和照片一模一樣的畫，美極了，客人想喝什麼我都能煮出來，同樣是美極了，猶如場精彩的表演。但一模一樣的畫終究不屬於張大千、達利或畢卡索那樣的層級，那是另一種境界，弘一法師晚年的字體也唯有那種狀態的他才配──他們不再和你玩那套了。我於是發現，我也該煮煮不同的咖啡了。於是除非有意遊戲，我不再講咖啡的那些種類，或要煮什麼就煮什麼了。現在，我講咖啡只講三件事：咖啡應該是透明的紅色，不苦，不酸。人人都可以判斷。

　　那有點像是「見山又是山」的過程。那是一種反璞歸真。我走過大量閱讀、琢磨、表演的路後，再回到最簡單的狀態。

　　如果說追求咖啡的知識、了解顧客心理是一個狩獵的過程，我之前所下的功夫，已足夠讓我現在能等著顧客上門，並且知道他們要的是什麼。在咖啡這塊獵場上，我現在是在守株待兔了。

　　另外，現在我覺得來我這裡所有的客人都是聯合、串連在一起，密不可分的。不論是做法律或出版的，演藝和金融的，他們在我眼裡都是串連在一起。這是物以類聚，頂尖高手才會聚在一起。而頂尖高手就是懂得往前看的人，今天再時運不濟，也相信不過是只差了一步機會而已，因此永遠是抬起頭的。　　■

《我們的知識遊戲》

獵得鯤鵬
細寫眞

文—張大春

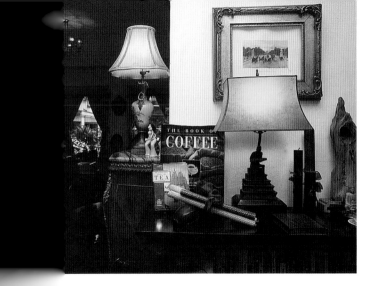

Study 7：
狩獵的體悟

　　很多東西都有共通的特性。如酒、咖啡、榴槤都有硫的味道，好的紅酒與咖啡，杯底會有玫瑰花香味。回到最原始的狀態，酒、咖啡或茶都是從植物裡出來的，因此都會有花果、甜蜜、草、陳木的成分。好東西一定有共通的東西，好的飲料無非就是香、甘、柔、順、滑、細、甜。

　　早期自己覺得懂了咖啡之後，我埋首在800種香味中，滔滔不絕的向顧客介紹，要什麼煮什麼，喝下去的感覺看是集中在舌根，舌尖，還是舌緣等等……覺得真是過癮。但知道越多就越感覺自己的不足。到了今年十月，一個偶然的機會裡看一個人的

畫，突然領悟到：煮咖啡就和繪畫一樣，你可以畫一張和照片一模一樣的畫，美極了，客人想喝什麼我都能煮出來，同樣是美極了，猶如場精彩的表演。但一模一樣的畫終究不屬於張大千、達利或畢卡索那樣的層級，那是另一種境界，弘一法師晚年的字體也唯有那種狀態的他才配——他們不再和你玩那套了。我於是發現，我也該煮煮不同的咖啡了。於是除非有意遊戲，我不再講咖啡的那些種類，或要煮什麼就煮什麼了。現在，我講咖啡只講三件事：咖啡應該是透明的紅色，不苦，不酸。人人都可以判斷。

　　那有點像是「見山又是山」的過程。那是一種反璞歸真。我走過大量閱讀、琢磨、表演的路後，再回到最簡單的狀態。

　　如果說追求咖啡的知識、了解顧客心理是一個狩獵的過程，我之前所下的功夫，已足夠讓我現在能等著顧客上門，並且知道他們要的是什麼。在咖啡這塊獵場上，我現在是在守株待兔了。

　　另外，現在我覺得來我這裡所有的客人都是聯合、串連在一起，密不可分的。不論是做法律或出版的，演藝和金融的，他們在我眼裡都是串連在一起。這是物以類聚，頂尖高手才會聚在一起。而頂尖高手就是懂得往前看的人，今天再時運不濟，也相信不過是只差了一步機會而已，因此永遠是抬起頭的。　　　　　■

永續

掌握世界的變動節奏，拉近人文和經濟的落差，
以利他的理念，落實企業的經營和社會的責任。

保育

永豐餘　http://www.yfy.com

奈米、生物科技透過e化的平台，不斷地在造紙、印刷、顯示等產業
創新服務，共創優質生活的未來。

Part5 一些足跡
Those Before Us

獵得鯤鵬
細寫眞

文—張大春

《清明上河圖》反映北宋汴京的繁華景像，以及當時
人們的豐富生活情節。洪邁就是誕生在這個時代。

（國立故宮博物院藏品）

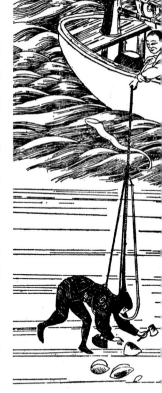

【關鍵詞】：漁獵、絕命詩、異端知識、遠離權力

古人類學家每隔一段相當的時日就會推翻一回舊說、提供給我們一個全新的起源推定，根據最新的推定，人類在兩百萬年以前曾經度過一段撿吃大型肉食哺乳類食餘的歲月。

我們的老祖先當時不是獵人，是吃腐食的被獵物。要進入所謂漁獵社會，還有百萬年以上的路好走。中間需要傳遞、累積和更新、卻無法運用文字記錄的知識不知如何繁瑣；因為無論或漁或獵，都是一個捕獲大量蛋白質的手段，捕甚麼？怎麼捕？在哪裡捕？又都需要大量蛋白質的補充而使容量增加的大腦來作業——這就有點兒雞生蛋、蛋生雞的況味了。目前似乎祇能暫時假設：現代人的老祖先當腐食者（Scavenger）的時間非常之長，偶有聰明之人一小步一小步地推拓出主動選擇並獲取食物的能力來。

在「主動選擇並獲取」這一點上，食物和知識有同步發展的況味。

夷堅，一個蒸發掉的人

讓我們在這裡岔向語詞本身，稍作停頓。中國老古人總不把「漁獵」當成一個好詞兒來看。除了「漁獵取薪、蒸而為食」（《管子》）之外，「天下兵亂，漁獵生民」是侵擾老百姓的意思；「遍刷處女、寡婦，導帝漁獵」是因好色而強陵婦女的意思；「為文之士多漁獵前作，戕賊文史」、「以馳騖奔驅為良圖，以剽竊漁獵為捷徑」更是抄襲掠取的意思。漁獵——

簡直地說——是憑藉著某種地位優勢巧取豪奪的勾當。是權力的化行。

也許我們不該這麼快就把知識和權力劃上等號？是的，在中國人的知識系統之中，還有一個連米歇·傅科（Michel Foucault）也探觸不到的邊緣，我們姑且稱之為異端知識。

《列子·湯問第六》上有這樣一段記載：「終北之北有溟海者，天池也。有魚焉，其廣數千里，其長稱焉，其名為鯤。有鳥焉，其名為鵬，翼若垂天之雲，其體稱焉。世豈知有此物哉？大禹行而見之，伯益知而名之，夷堅聞而志之。」

這是把上古睿智之人分成了三個角色：發現者、命名者和記錄者。一般稍微瞭解一點上古歷史的人都聽說過：大禹創立的中華民族第一個王朝「夏」，他所屬意的第一個繼承人皋陶先死了，第二個就是伯益。在統治權尚未順利移轉給伯益的時候，大禹出外巡狩——顯然是和打獵有關的重大儀式——死於會稽，伯益攝政三年，退居箕山之陽，把政權讓給了大禹的兒子啟，啟並沒有因此而放過伯益，最後還葬送了一條性命。

聽說過這一段政爭簡史的人再讀《列子·

湯問第六》時，就不免產生一個疑問：另外那個賢人夷堅到哪裡去了？當啓發動輿論，鼓吹「啓賢，吾君之子，能敬承禹之道」，架空伯益的時候，夷堅在幹什麼？他支持哪一個政治領袖？歷史和神話都略過了這一點。這個略過是不是有意義的？

毋寧相信夷堅沒有加入政爭並不是因為他和皋陶一樣短命，而是「聞而志之」的人並不參與現實權力的角逐或依附。他還有更長遠和偉大的功業猶待完遂——無用於現實的知識。

《列子》中的「終北」、「溟海」、「天池」、「鯤鵬」多麼巨大？多麼偉岸？然而「世豈知有此物哉？」之言卻透露了另一面向的訊息。現世之人並不見得需要關心這樣的東西，現世之人也並不需要瞭解和傳遞這方面的知識。在《列子》裡，聰明睿智的發現者、命名者和記錄者所處理的是純知識的問題。這種知識容或無益於一時的國計民生，容或無助於一時的權力獵取，甚至無異於當下迫切的生命和生活，是以三個聰明人裡一個客死僻地、一個被害隕身、另一個從歷史和神話中蒸發掉了。

是蒸發掉了麼？

洪皓，一個志節高的人

洪邁（一一二三～一二〇二），字景盧，號容齋，別號野處老人，北宋末、南宋初時饒州鄱陽人。高宗紹興十五年，中博學鴻詞科，做過吏部兼禮部的郎官，遊宦於吉州、贛州、婺州等地。後入爲敷文閣直學士、煥章閣、龍圖閣學士，任紹興知府，幾乎就在去世之前未幾才退休，時爲端明殿學士，卒諡文敏。《宋史》本傳說他「雖稗官虞初，釋老旁行，靡不涉獵」。是個會讓人想起蒙田（Michel de Montaigne）或狄德羅（Denis Diderot）的百科全書人。

洪邁的世界觀應該和他的父親洪皓有關，洪皓（一〇八八～一一五五）是宋派駐於金國的常任大使，當了十五年敵對國的人質，有忠節，頗振直聲，宋高宗甚至稱道他：「蘇武不能過哉！」

在政治上，終洪皓父子兩代半生所周旋的對象就是秦檜和「檜黨」。洪皓是力主恢復，志在北伐，以攻勢保全社稷的一方；秦檜秉承高宗意旨，是樹敵養患、僅圖偏安，以免歸政於「二聖」的一方。秦檜對歷劫歸來的洪皓所展開的迫害可謂無時或已，一貶再責、三遷五徙，最後洪皓死在南雄州。有一個說法是秦檜死後，洪皓赦還，死於道途之間；另一個說法則是洪皓死後一日，秦檜才死。兩說並見於《宋史》本傳，未知孰是。無論如何，洪皓死前有一首唸給洪邁抄錄的七言絕句：

「九貢山川半塞湮／飄零涕泗愧人臣／步行奪馬滄溟願／獵得鯤鵬細寫眞。」

這當然是一首憤慨交加的絕命詩。首句說的是家國破毀、江山淪落泰半，次句的慚愧說的既是自己，想著的恐怕還有並不自覺慚愧的秦檜。第三句應該從王維的「少年十五二十時／步行奪得胡馬騎」而來，意思是勉勵兒子志在恢復，這是很明顯的。

不過這裡頭的「滄溟」二字大有學問，就詩而言，「滄溟」祇不過是極北之地的一個代稱；但是合下文「獵得鯤鵬」來看，此處的「滄溟」仍不免於是指《列子・湯問第六》的「終北之北有溟海」，而且不免有以「夷堅」來勉誡兒子的用意。說白了，就是：恢復大宋固有的河山，但是要像夷堅一樣，做一個「聞而志之」的人。一個知識人；一個（最好是）在權力場上蒸發掉的人。

洪邁，一個胃口大的人

洪邁畢竟還是做了翰苑待詔的官。先說一個洪邁做官時的故事。此事見於明代姜南的《風月堂雜識》，標題是〈杜審言洪景盧自矜〉。將洪邁的片段翻成白話文，大意如下：

有一天洪邁在翰苑值班，為皇帝草擬詔書。這一天特別忙碌，從清早到下午申時左右，居然寫了二十多篇封事。寫罷，稍賦閒，便在庭院之中散會兒步，看見一個老叟正在花徑間曬著餘溫尚暖的太陽，上前一寒暄，才知道是個累世在翰苑裡當差的院吏，已經八十多歲了，年輕時還曾經伺候過元祐時期非常知名的文苑前輩，如今退休養老，子孫還能繼承祖業，也在翰苑裡辦些僚署庶務。老叟寒暄著說：「聽說今日文書甚多，學士一定大勞神了。」洪邁一聽這話，不免得意道：「今天草二十餘制，都已經交差了。」老叟接著道：「學士才思敏捷，真不多見！」洪邁應聲問道：「當年的蘇東坡蘇學士草制，大約也須是這麼快罷？」老叟又點著頭嘆了口氣，說：

「蘇學士敏捷，也不過如此——但是蘇學士草制，是不用檢閱書冊的。」

姜南在記錄了這個小故事之後接著說：「洪為赧然，自恨失言。常對客自言如此；又云：『人不可自矜，是時使有地縫，亦當入矣！』」

從這一則小故事，可以得知洪邁或許不及東坡才捷思敏，但是賅博淵雅，亦非尋常局笥了。

從著作方面看，洪邁的《容齋五筆》、《萬首唐人絕句》、《野處類稿》都是驚人的巨作，《夷堅志》也不例外。此書原編四百二十卷，代遠年湮，隨時散軼。宋元之間，就已經遺缺泰半，再也不復原觀了。近人張元濟編涵芬樓印本二百零七卷已經堪稱窮蒐盡羅，仍不到原帙的一半。這樣龐大的編撰工作，前後耗費了五十六年的歲月。直到死前一年，洪邁還在寫——至少還在督促著他的門客替他搜求、整理各種「天下之怪怪奇奇」的故事——據說有的門客為了省事，還偷偷剽竊了北宋初年由皇帝下詔編纂的《太平廣記》裡的篇章充數，博學如洪邁者竟也疏於審校，一併收納——關於這一點，後世持論嚴苛的學者往往不能諒解，說他「猥瑣彌甚」，他自己似乎也不能擺脫一種「滿帙成編」的迫切感，急著要在有生之年編成一部日後其實沒有人知道究竟應該有多大的集子。

為什麼要把「天下之怪怪奇奇盡萃於是」？這一類的故事，顯然無助於當時為數雖屬有限而競爭卻異常激烈的讀書人——他們是

能讀得懂字句的人，卻不會為了任何現實的目的去閱讀、讚譽甚或推廣這樣的書。因為《夷堅志》所處理的，是嚴格的科考和理學圈子裡的袞袞諸公所公認的異端知識。我們甚至可以這樣假設：倘若不是一路擁有敷文閣、煥章閣、龍圖閣以迄於端明殿學士的資格，那個時代的知識份子圈恐怕未必能容忍這樣的作品付梓。

那麼洪邁是怎麼想的呢？

關於被門客所欺之事，亦見於數百年後的藏書家胡應麟的著述。明、清之際，以告密趨附而存身的「降紳」、「降臣」謝三賓曾經為洪邁的《容齋隨筆》作過序。開篇即盛讚洪皓「著冰天之節，與蘇屬國（按：即蘇武）爭光」——看起來古人流芳百世的行徑不過還是小人用來遮醜的盾牌。謝三賓在這篇序文裡引用胡應麟（一五五一～一六〇二）的意見，說：

「容齋晚歲，急於成書，其門下客多取《太平廣記》中舊事，改易姓名以欺之，亦不復辨。」

所謂「急於成書」，應該有個道理。

洪邁，也是個焦慮的人

《容齋隨筆》書成於南宋孝宗淳熙十四年（一一八八）八月，當時的洪邁已經六十六歲了，時為煥章閣學士，知紹興府。有一天入禁中為皇帝祝壽，皇帝於賜宴之際忽然對洪邁說：「最近讀了一本叫甚麼齋的隨筆。」洪邁沒有料到這書居然流入宮禁，觳觫對答道：「是臣寫的《容齋隨筆》，無足採者。」皇帝卻稱許道：「煞有好議論！」宴罷，洪邁連忙到處打聽，原來之前刊刻的書已經被商販賣到書肆裡去了——可見原先洪邁並沒有料到他的書是可以當下流傳、一紙風行的——這一風行，甚至讓宮禁中執事的人也發現了，皇帝竟然成了洪邁讀者。這個遭遇顯然對洪邁是個極重要的鼓勵，他隨即在五年之內又寫了十六卷，是為《容齋續筆》。

這是我幫他算的。但是到了慶元三年（一一九八）九月二十四日，洪邁自己算出來的寫作時程就不一樣了，他在《容齋四筆‧序》裡如此寫道：「始予作容齋一筆，首尾十八年，二筆十三年，三筆五年，而四筆之成，不費一歲。」這個算數很奇怪，依照《容齋續筆》（也就是二筆）的序所記錄的寫作時間算來，二筆成書首尾祇有五年，他自己卻算成十三年，或許二筆之中容有第一部《隨筆》時就草

成的篇章，而收入了二筆之中，亦未可知。但是為什麼把第一次刊刻時捨棄的草稿放在二筆之中呢？這就不得不讓人懷疑：被皇帝誇獎「煞有好議論！」之後的洪邁懷抱著更大的信心了。

寫《容齋四筆・序》的，是個七十五歲的老人，自謙「弄筆紀述之習，不可掃除，故搜採異聞，但緒《夷堅志》，於議論雌黃，不復關抱。」翻譯成今天的白話文，洪邁的意思就是：老來寫作成習，改不了了，可是又不想對「現實」或「正經」再發表甚麼議論，寧可寫些志怪之類的小故事，聊以自娛罷了。這話是否由衷？姑且不論，杜甫不是明明白白說：「老去詩篇渾漫興」，連個人遣懷的創作都是這麼個路數勢頭，遑論筆記文章了。不過《容齋》之作，畢竟沒有中止。據這一篇序文表示：洪邁是受了小兒子洪櫰的鼓舞而繼續寫的：「稚子櫰每見《夷堅》滿紙，輒曰：『《隨筆》、《夷堅》皆大人素所遊戲』，今《隨筆》不加益，不應厚於彼而薄於此也。日日立案旁，必俟草一則乃退。」

無論如何，洪邁越寫越快是事實。即使是《夷堅志》的編撰也是如此。

前文說過：《夷堅志》原編卷帙浩繁，計四百二十卷。這部書用天干記編，前二百卷的編法是由甲至癸，每字二十卷。之後就是「支甲」到「支癸」、「三甲」到「三癸」各一百卷，也就是每一天干計字，編成十卷。編到了四甲、四乙的二十卷之後，洪邁就過世了。死

前九年，當他還一面在為小兒子洪櫰寫《容齋四筆》的時候，一面還加緊手筆，像是在與時間賽跑似地「搜採異聞」──以及沒忘了算算數。時在紹熙五年（一一九四）：

「《夷堅》之書成，其志十，其卷二百，其事二千七百有九。蓋始末凡五十二年，自甲至戊，幾占四紀，自己至癸，才五歲而已；其遲速不侔如是。」

這段話的用意祇是在表示「著書的快慢是如此地不相同」嗎？顯然不是，這和前面所引述的《容齋四筆・序》所要表達的底意是一樣的：對於越寫越快這個狀況，洪邁是十分得意的。為什麼寫得快會讓他感到得意呢？

在《容齋續筆・卷一》中，有一則〈唐人詩不傳〉，翻成白話文，大意如下：

韓愈在送〈李礎序〉一文中，曾經稱道李生是『溫然君子，有詩八百篇，傳誦當時。』又有〈盧衡墓誌〉說：「盧君能作詩，從小到老，所寫定而能夠傳錄的詩大約有一千多篇。他於書無所不讀，然而讀書所為何事？無它，就是為了寫詩。當盧君任登封縣尉之時，將所有的詩篇都投獻給郡留守鄭餘慶，鄭餘慶也因為欣賞他的詩而寫信把盧君推薦給宰相。照這情形看來，李、盧二君的詩是又多、又值得流傳的。還有裴迪這個人，他和王維一同賦寫關於輞川的許多絕句，都收入了王維的集子；但

是除此之外，裴迪更無一首作品傳世。連杜甫都有〈寄裴十詩〉：「知君苦思緣詩瘦」說的就是裴迪，裴迪之能寫不錯的詩，應該是無疑議的。然而，現在考求《唐書‧藝文志》，列歸別集的有好幾百家，卻都沒有裴迪的書，他的名字也不見於他人文集之中，各類詩文集子裡竟然一篇都未曾收錄。此外，白居易作〈元簡宗集序〉說他寫過一百八十五首『格詩』（按：是一種初興於西晉，盛於梁、陳之間的詩體；此體介乎古體和今體之間，有排偶而無粘，後來在唐初沈佺期、宋之問的手中發展成五言長律）、以及五百零九首律詩。如此大量不說，白居易還稱許元簡宗：「遺文三十軸／軸軸金玉聲」，說他「古常而不鄙，新奇而不怪」，可是到了今天（也就是三百年之後洪邁及身的當世）連知道元簡宗的名字的人都很少了。

這段感嘆顯然可以看成是洪邁本人焦慮的核心。他知道歷史和權力一樣，是非常現實的。

洪适，一個指點意思的人

在權力場上爭逐失意的知識份子總還有一個假設：他的作為、他的想法、他的委屈和尊嚴都可以透過著作來向日後的讀者訴請諒解。也許洪邁無法逆料，《夷堅志》在他身故之後十年就出現了選本——選本的出現絕對不是洪邁所樂見之事——因為這就表示書原本是可以風行的，可惜寫長了，寫多了。洪邁為什麼要寫那麼多？也許洪邁本來就是一個在意作品數量的人；看他同翰苑花徑間那曬著太陽的老叟的一番對話可知，能在有限的時間之內完成大量的寫作（即使所寫的祇是為皇帝草擬詔書），在洪邁而言都是極有成就感的事。換言之：留下豐富的著作本身似乎就是目的。

洪邁的長兄洪适曾經為他們的父親洪皓遺留下來的一幾十則筆記《松漠紀聞》寫過一篇跋語，提到洪皓原先出使金國之時，就已經深入北邊，置身窮漠，耳目所接，隨筆纂錄。寫出這些記錄北地諸國風土人情的文字，無論算不算是一樁能夠在當時公諸於世的事——或者也應屬於關係緊張的邦交國之間秘而不能宣的情報蒐集；在宋、金決裂、汴京危變的時候，洪皓一把火就把所有的記錄都燒掉了，所謂「禿節來歸」。

日後與秦檜齟齬日甚，終至被禍，洪适的描述是這樣的：「因語言得罪柄臣，諸子佩三緘之戒，循陔侍膝，不敢以北方事置齒牙間。」這段話勾勒了一個複雜的心理背景：洪皓在出使時隨手纂錄的內容已經是禁忌的知識，對於勢成敵國的宋、金皆然。直到貶謫南雄州，與官家政府無可通訊，才稍稍能夠同兒子們談一談當年的往事。洪适在為《松漠紀聞》寫的跋語中這樣透露：「及南徙炎荒，視膳餘日，稍亦談及遠事。凡不涉今日強弱利害者，因操牘記其一、二。未幾，復有私史之禁，先君亦枕末疾，遂廢不錄。」

這一段話寫於紹興二十六年（一一五七）

夏天，也就是洪皓死後兩年，洪适守制期間替父親編成了這一部未及完成的著作，十五年屬節冰霜，祇有幾十則殘缺不完的載錄。接著，洪适寫道：「及柄臣蓋棺，弛語言之律，而先君已賫恨泉下。」這裡說的柄臣，自然是指秦檜——既然是已經死去的仇家，何以仍然要隱諱其名？蓋不欲此人之名與洪皓之作俱傳也。顯然，洪氏父子兄弟對於《松漠紀聞》之能「傳」，還是很有期待的。

通觀洪适寥寥不過百餘言的跋語，所一再申言、突顯的，就是視此類筆記為禁忌、甚至異端的社會氛圍和政治背景。而他的弟弟洪邁則在兩年之後完成了第一批的《夷堅志》。不久，洪邁也隨即展開了他那部網羅當世群學，有如百科全書的巨作，一共五筆七十四卷的《容齋隨筆》。套用洪氏傳演到清代的族孫洪璟的話說：「其書自經史典故、諸子百家之言，以及詩詞文翰醫卜星曆之類，無不記載，而多所辨證。」

洪樞，一個藉口

讓我們想像一下洪邁的小兒子洪樞站在父親書桌旁邊磨蹭的情景。這個喜歡讀書、還不滿二十歲的少年質問父親為什麼「厚彼（《夷堅志》）薄此（《容齋隨筆》）」，而且每天非等著洪邁寫出一則隨筆來不肯罷休。這是洪邁自己對於《容齋隨筆》之所以在三筆之後還有續作的解釋。但是，這一段出現在《容齋四筆·序》裡的文字有沒有更深的底蘊呢？前文曾經

引述：「弄筆紀述之習，不可掃除，故搜採異聞，但緒《夷堅志》，於議論雌黃，不復關抱。」既然對正經議論辯難有興趣，為什麼還繼續寫到老死呢？祇是「丈夫愛憐少子，此乎見之，於是占抒為序，並獎其志云。」似乎太輕易便宜了。

我倒覺得同一序文中的另外兩小段文字透露出玄機：一方面，洪邁藉由洪樞的話說：「《隨筆》、《夷堅》皆大人素所遊戲』，今《隨筆》不加益，不應厚於彼而薄於此也。日日立案旁，必俟草一則乃退。」另一方面，在比較《容齋四筆》和前三筆的寫作速度時又得意地說：「始予作容齋一筆，首尾十八年，二筆十三年，三筆五年，而四筆之成，不費一歲。身益老而著書益速，蓋有其說。」寫得那麼快，哪裡像是「於議論雌黃，不復關抱」呢？

或者，真相很可能是：洪邁從一個「年且弱冠，聰明殊未開」的小兒子身上看出了一種士大夫閱讀的動能和興趣，這種動能和興趣是知識社群經世致用的主流價值之所繫。《容齋隨筆》之所以得繼續寫，乃是洪邁得以繼續在這個社群之中被重視、被理解或者說不被淡忘的主要條件。他必須一直不停地寫出曾經讓皇帝稱賞、讓兒子期盼的作品，其實是在替自己晚年真正有興趣的異端知識作背書。他希望能藉由自己在正統知識社群裡的地位去提倡一種被視為荒誕、神怪、甚至「疾行無善迹」、「猥蕤彌甚」〈明胡應麟《少室山房類稿·卷一〇四》〉的書寫。目錄學家陳振孫在《直齋書

錄解題·卷十一》對《夷堅志》的批評很露骨：「稗官小說，昔人固有為之者矣。遊戲筆端，資助談柄，猶賢乎己可也。未有卷帙如此其多者，不亦謬用其心也哉？」陳振孫還有一個很獨特的、打壓異端知識的邏輯，他接著說：「且天壤間反常反物之事，惟其罕也，是以謂之怪；苟其多至於不勝載，則不得為異矣。」

至於魯迅在他的《中國小說史略·第十一篇·宋之志怪及傳奇文》裡，也有一段改寫自陳振孫《解題》的話：「奇特之事，本緣稀有見珍，而作者自序，乃甚以繁夥自憙，毫期急於成書，或以五十日作十卷，妄人因稍易舊說以投之，至有盈數卷者，亦不暇刪潤，逕以入錄……蓋意在取盈，不能如本傳所言，『極鬼神事物之變』也。」

這樣猛烈的批評出自陳振孫不令人意外，魯迅跟著瞎起鬨就有點兒自己站不住陣腳了——在讀到這種議論之前，我一直以為魯迅夠聰明、夠剔透、夠冷雋。至此才發現他在知識價值上一點兒都不想靠左。要不，就是他根本沒仔細讀過《夷堅志》和《容齋隨筆》，也體會不到洪邁（做為小說家魯迅的先驅）所示範的寫作理想。

蒲松齡，一個不會出現的人

對於異端知識的獵取，看不懂文言文荒怪故事的現代讀者不必懊惱，洪邁那個時代的《夷堅志》差不多就相當於我們這個時代〈壹週刊〉之流的八卦雜誌；士君子所不直，但是卻為試圖推拓知識畛域、以迄於世俗或正統的價值邊緣之外的書寫者領了航。洪邁不可能知道，他那數以千計、遊戲筆端、資助談柄的小故事居然在多年之後一直為人所引用改寫，成為中國說部材料的藏智庫。沒有《夷堅志》，元代沈和撰寫的雜劇《鄭玉娥燕山逢故人》不會問世，明代馮夢龍、凌濛初等的《三言》、《二拍》、《情史》、《古今小說》會缺少許多篇章，天然痴叟的《石點頭》裡一定不會有〈王孺人離合團魚夢〉這個精彩的短篇……

我甚至大膽地想像：如果沒有《夷堅志》將鬼怪神異之說從六朝以致於唐代那個以「志怪」、「博物」、「搜神」為取向的敘事傳統中釋放出來，將異端知識大量融入常民生活現實和社會現實之中，日後會不會出現蒲松齡、紀曉嵐這樣的作家呢？會不會出現《聊齋誌異》、《閱微草堂筆記》這樣的作品呢？

世間此際沒有鯤鵬，如何獵得？如何寫真？獵寫鯤鵬而非此世間人所能識、所能賞，又如何能向人解釋：這就是鯤鵬？異端知識永遠背負著這樣難解的質疑，在每一個時代備受主流知識社群的歧視和冷落。這樣很好，對異端知識有真正興趣的人永遠遠離實際的權力。

本文作者為作家　■

鍾書的
閱讀觀點
方法

w：張隆溪
市大學比較文學與翻譯講座教授）

藍嘉俊

980年至1983年，
書雖然在社會科學院
下親自接收研究生，
時在北大讀研究所的
溪，卻極為難得地和
錢鍾書有過一段
接而密切的聯繫，
因而長期持續來往。
錢鍾書的博學，
而言都是不可思議的，
是得以近距離觀察他
與方法的少數人之一。

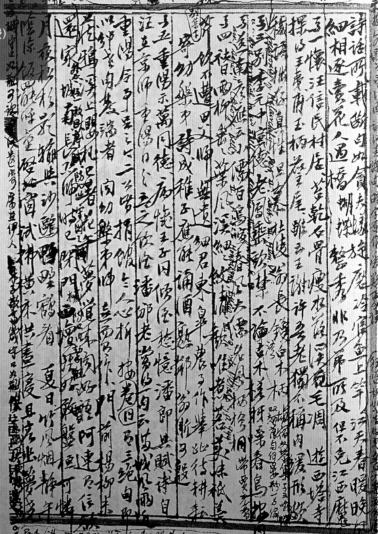

四六七

是怎樣開始和錢鍾書先生的來往？

那是一個有趣且偶然的機緣。當時有一位荷蘭學者佛克馬（Douwe Fokkema）到北大訪問，他想去見錢先生，要我當翻譯。我知道錢先生英文很好，是不需要翻譯的，但我也很想見他，所以決定跟佛克馬一起去。

果然，他用一口標準、流利的牛津英文和佛克馬交談，完全不需要翻譯。在談話中，錢先生提到佛克馬一本討論二十世紀文學理論的書，問他為什麼沒有講到加拿大的弗萊（Northrop Frye），因為他是七○年代重要的文學批評家，在美國、歐洲都很有名。但佛克馬認為弗萊的理論好像有太多的心理學成分，對文學注意得不夠。因為我那時剛剛看完弗萊的《批評的解剖》（*Anatomy of Criticism*），就在一旁插話，表達我一些不同的看法。錢先生對我發表的意見頗為讚賞。他知道我在北大做研究生，很想認識他，就把他們家的電話號碼給我。從那以後，我們的往來就非常密切。我至今仍保存有與他來往的50多封信。錢先生對已成名的人要求是很嚴格的，而對我這樣的年輕後進，則是愛護有加。

聽說他家裡是不藏書的？

他家裡不是沒有書，只是書不多。他都是上圖書館借書，比如一些老的書、大套的書。這也和他所處的時代有關，從西南聯大到上海，跑來跑去。一般的藏書家是藏而不看，錢先生是看書而不藏。哈佛大學著名的文學教授貝特（Walter J. Bate），據說家裡的藏書也很

少，但他利用圖書館，讀書量卻是非常大的。

錢先生的閱讀有什麼特別之處？

如果說閱讀是打獵，有些是已經有了明確的目的，比如要打鳥或打兔子。而有些時候，你只是在森林裡散步，突然發現了一個狐狸洞，但因為當時那並不是你的目標，就略過去了。等到有天想獵狐狸了，你想起有個狐狸洞，但問題是，你能不能把那個無意間發現的位置找出來呢？

錢先生就有這種過人的記憶力，因此也使得他的閱讀增添了許多傳奇的色彩。他曾在一本英文刊物發表一篇談「晚清輸入西洋文學」的文章，我看了後，認為對我們現在仍然很有意義，自告奮勇想把它譯成中文。後來錢先生覺得，那篇文章是30年前寫的，現在有很多新材料和新想法，就決定把文章用中文重新改寫。他改寫當中給我來信，提到30年前他讀過丁韙良（W.A.P. Martin）著《中國六十年》（*A Cycle of Cathay*）一書。這本書談到光緒皇帝曾經找外交官張德彝教他英文，並且從皇帝開始，帶動了中國學英文的風潮。學了半年，皇帝覺得差不多了，就在新年接見外國使節時，發表了一篇英文演講——文法是沒問題的，但發音不好，使得在場的中國人以為他在講外文、外國人又以為他在講中文。這讓光緒非常受挫，從此就放棄學英文。

在中國的外語教學史上，錢先生覺得這個事件非常有趣，應該一提。但他當時並未做筆記，不過，他信中說，記得北大圖書館有這本

書，且在某一章某一節有這一段。後來我去北大圖書館找，果然有這本書，而且就是在錢先生說那個章節裡找到那段有趣的記載——這在錢先生，就好比重新找回30年前那個狐狸洞。他的記憶力過人，一方面是靠用功，另一方面則靠天分，實在令人驚訝。他改寫這篇文章，現在就收錄在《七綴集》裡，題爲〈漢譯第一首英譯詩《人生頌》及有關二三事〉。

還有什麼特點？

旁徵博引。他在文章中要論證一個觀點的時候，總能使用非常豐富的材料。一方面，他從傳統中國典籍中取材，經典就不用說了，令人佩服的是，許多我們不熟悉的筆記小說，或一首詩裡的一句話，只要與論證內容有關，他都能夠引用。同時，還把西方的、不同語言的東西，通通加進來。一般人很難有這麼廣泛的涉獵範圍，但錢先生講到一個問題的時候，又能在那麼廣的範圍中把很多東西都聚集到一個具體的點上，清楚呈現。

如在〈詩可以怨〉中，他舉了中國南北朝的劉勰及劉畫做例子，他們有共同的意象，都把痛苦產生詩歌比喻成蚌殼生病而產生珍珠，或像樹木長了瘤一樣。在觀賞園林的人看來，

錢鍾書　中國時報資料照片

樹瘤很好看，但對樹木本身而言，卻是生病的表現，這是比喻寫文章是痛苦的結果。司馬遷說古來著作，都大抵是聖賢發憤之作，痛苦才會形成好文章，也就是這個道理。這也就是歐陽修講的不是詩能窮人，而是人窮而後詩工，生活太舒服就寫不出好詩來。同樣地，珍珠因沙粒入侵蚌殼而形成，我們都喜歡珍珠，但對蚌殼來說卻是痛苦的，所以劉勰說「蚌病成珠」。錢先生又引用了德國詩人格里巴爾澤（Grillparzer）、美國詩人豪斯門（Housman）等很多外國詩人的作品，裡面都有牡蠣生病而產

生珍珠這同樣一個比喻。錢先生就是這樣能大海撈針，將這些中西相關的形象比喻串起來，擺在同一篇文章裡。

聽說他對不怎麼樣的書也閱讀，並能從中有所收穫？

這是他對系統與片段思想的觀點。錢先生認為學問不光是個系統而已；系統固然不容易，但不應該以大的系統來嚇人。他說過這樣一段話：「眼裡只有長篇大論，瞧不起片言隻語，甚至陶醉於數量，重視廢話一噸，輕視微言一克，那是淺薄庸俗的看法——假使不是懶惰粗浮的藉口。」錢先生認為，系統就像是棟大房子，會隨著時間而傾倒毀壞，即使裡面已經不能住人了，但組成的木石磚瓦等材料仍能用。有些重要的思想，雖然不足以形成完整的系統，但在它的片段裡包含很多見解和真理，和組成系統所用的材料意義是一樣的。在討論文學理論時，錢先生認為不一定只有《文心雕龍》、《文賦》這些掛出招牌來的典籍才是重要的，有時在詩詞、隨筆、小說、戲曲，甚至謠諺和訓詁中，也能發現許多對文義的真知灼見。所以他讀書範圍廣，一般人不會讀的書，他也會注意到，且會用很有意思的方式來談。

例如錢先生在《管錐編》第二卷一開始談《老子》版本的問題。他用的是流傳最廣的王弼版本，但清朝錢大昕等考據學者，卻認為當時在龍興觀發現的石碑，上面所刻的《老子》才是最老的版本。因為和目前的版本相比，石碑上的字最少、最簡古，故應該是最早的版

本。但那其實是刻石碑的人造假，故意省略一些字，讓它顯得很古老，所以這些學者都上當了。在清代馮景的筆記小說《解春集文鈔‧補遺》裡，提到一個海外盲儒，要把《論語》簡化，在刪去許多虛字之後，語句卻變得文理不通。錢先生就引用這個例子，諷刺把語句精簡就像是守財奴打電報，因為要省錢而精簡，結果不知所云。這本書、這些材料一般人是不會去讀的，但錢先生會去注意到並使用它。

在閱讀的方法上，他有什麼特別的觀點？

在這一點上，不妨先談談闡釋學（Hermeneutics）。闡釋學重要的概念，就是局部和整體的闡釋循環。在浪漫主義闡釋學中，理解和閱讀的方法，最終目的是達到作者原意的解釋。但是當代德國闡釋學名家伽達默則認為，解釋必然摻入理解者自己的主觀成分，所以不必也不能全以作者原意為標準。錢先生的看法與伽達默不謀而合。錢先生《管錐編》有評乾嘉「樸學」一節，指出清代小學家由字之詁而識句之意，再由句之意通全篇之義。他認為這是一個以小明大，由局部到整體的理解過程。但理解過程也需要以大明小，由整體到局部。換句話說，「以小明大」和「以大明小」兩方面要相輔相成。因而錢先生說：「積小以明大，而又舉大以貫小；推末以至本，而又探本以窮末；交互往復，庶幾乎義解圓足而免於偏枯，所謂『闡釋之循環』（der hermeneutische Zirkel）者是矣。」

不僅如此，錢先生還指出，在理解當中，

人與我、古與今之間也構成交往反覆的闡釋循環，二者如「鳥之兩翼、剪之雙刃」，缺一不可。因而錢先生說，無論是詞章還是義理的解釋，有時候別出心裁的理解不一定就是誤解，甚至有「誤解而不害為聖解者」。換句話說，合乎作者原意未必是唯一或最好的解釋。

錢先生因為兼通中西之學，一方面固然和只懂中學的人有很大的差異，另一方面和西方的學者又有什麼差別呢？

我有篇用英文發表的文章，討論錢先生對《老子》的評論。他的《管錐編》專論中國古代典籍，是最能代表當代中國學術成就的一部書，但國外的漢學家們會很難讀。除了文言文不容易懂之外，另一個原因是寫作方式的差異，讓外國人無法理解。他用的是傳統中國筆記體的寫法，一條條看起來很零散，上下不見得有邏輯推論的關係，因此，不是西方那種章節分明的系統性寫法。這是錢先生對學術的基本看法，他不採用系統性的方式呈現。但這不代表內容沒有系統，你要是會讀，還是可以發現點和點之間的關聯，其中還是有系統的。

錢先生文章的特點，都是先引一句話，很具體地講一件事情。他以〈論易之三名〉做為《管錐編》的第一條，開宗明義地駁斥黑格爾的歐洲中心主義思想。黑格爾認為中國文字是粗糙的圖像文字，「不宜思辯」，只有德文、希臘文才能做哲學上的思辯，這確實也是很多西方哲學家的想法。他的論據是德文裡的「aufheben」一字，既表肯定又表否定，一個字具有兩種相反的意義，最能表現辯證法思想。錢先生舉了「易」字為例，它至少有三種完全相反的意義；又如老子講的「天地不仁」，「不仁」有「殘酷」和「麻木沒感覺」兩種意思。像這種一字多義的例子在中國多的是，「aufheben」這個字其實沒什麼了不起。如果錢先生一開始不駁斥黑格爾的講法，奠定中西比較的基礎，那《管錐編》整個就會被西方否定，所以他這樣的策劃是很有道理的。

錢先生的寫法都是從具體的東西出發，看起來零碎、細微，但這些小地方往往又牽涉到大的系統，正好是西方哲學系統的精髓。例如他提到老子講的「其出彌遠，其知彌少」。為什麼路走得越遠，知道得反而越少？因為這個「知」不是一般的知識，而是對道的領悟，要先求諸內心，回歸自己。這和德國人講Bildung、講辯證法的觀念是一樣的，即自我要先否定自己，然後再回到自我。原來，黑格爾的那一大套三段論哲學理論系統，老子用「反者，道之動」五個字就講清楚了。

錢鍾書的讀書筆記已經出版，看裡面筆記的幅度與深度，令人驚異。但是聽說連這些筆記其實都是整理過，重新抄寫過的，和他第一手筆記大有出入。是否如此？

他做筆記都是斷斷續續的，不一定在同一天，有時這一段、那一段，又夾雜著不同的文字，只有他自己清楚。所以要先經過整理，別人才看得懂。我知道已經有他三卷本的筆記出版了，但是因為還沒有見到書，無法評論。■

從顧炎武到Margaret Mead
田野裡的守望者

文—傅凌、冼懿穎

兩個中西相異，
時間相隔三百年的人，卻都走了
一條以實踐結合知識的路子。

先生初刻日知錄自序

炎武所著日知錄因友人多欲鈔寫患不能給遂於
上章閹茂之歲刻此八卷歷今六七年老而益進始
悔向日學之不博見之不卓其中疏漏往往而有而
其書已行於世不可掩漸次增改得二十餘卷欲更
刻之而猶未敢自以為定故先以舊本質之同志蓋
天下之理無窮而君子之志於道也不成章不達故
昔日之得不足以為矜後日之成不容以自限若其
所欲明學術正人心撥亂世以興太平之事則有不
盡於是刻者須絕筆之後藏之名山以待撫世宰物
者之求其無以是刻之陋而棄之則幸甚

人與人書十
謂人纂輯之書正如今人之鑄錢古人采銅於
自序
一中華書局聚

右為人類學家米德。　Corbis

的那兩本書其實他是有的，但是擔心輾轉丟失，所以不與相借，現在這些書已經永遠失傳了，如果有曹溶的抄本，至少還可以抄回來啊。

因為吝書、惜書，反而使善本、孤本、秘本毀於一旦的情形，其實屢見不鮮。近代著名的例子便是商務印書館的東方圖書館。1907年晚清四大藏書樓之一皕宋樓被日本人買走，事前商務印書館主持人張元濟攔阻未成，這件事深深引起他對中國古籍命運的擔心，因此他開始動用商務的資金搜購各大藏書樓流出的珍本，歸商務涵芬樓收藏。1924年商務東方圖書館落成，涵芬樓藏書也遷入館中，不料1932年日本發動一二八事變，東方圖書館被日本人縱火焚燬，館藏四十六萬冊圖書和七萬冊古籍化為灰燼，張元濟見此情景潸然淚下，他本想把古籍收集起來免遭流散，不料竟適得其反。

或許正是因為書籍的命運如此坎坷，所以藏書家每遇珍本，總是如獲至寶，這種心情在鄭振鐸收錄於《西諦書話》的〈求書日錄〉裡表現的淋漓盡致。他說：「摩娑著一部久佚的古書，一部欲見不得的名著，一部重要的未刻的稿本，心裡是那麼溫熱，那麼興奮，那麼緊張，那麼喜悅。」他一直相信「如果能夠盡一分力，必會有一分的成功。」而最能夠印證他這種人生態度的，就是他尋獲《脉望館鈔校本古今雜劇》的故事了。多年來鄭振鐸一直希望能看到錢曾〈也是園書目〉所載的元明雜劇，他樂觀的相信這些古劇一定尚在人間，保存於某位藏書家手上，「他們的精光，若隱若現的直衝斗牛之間，不可能為水，為火，為兵所毀滅。」這是何其單純的一種信念，但是這個願望居然成真。

得一奇書失一莊

先是1929年《北平圖書館月刊》刊載丁祖蔭的文章，言及曾在趙宗建舊山樓看到《也是園藏古今雜劇》，鄭振鐸看到這個消息「喜而不寐者數日」，可是當他託人詢問丁祖蔭該書下落，丁卻回答書已還給舊山樓，不知流落何所。直到1938年5月，鄭振鐸自言這是永遠不能忘記的一天，一位朋友電告他蘇州書賈手中有三十多冊元劇，當下他即猜測可能就是《也是園古今雜劇》，後來果然證實無誤，原來這本書之前的確在丁祖蔭手上，所謂「不知流落何所」乃是欺人之談。不過真的買下這部他視為國寶的孤本，還是費盡許多周折。這三十餘冊元劇只是《也是園藏古今雜劇》的一半，另一半在古董商人孫伯淵那裡，

孫某搶先一步買了蘇州書賈的三十餘冊合成完璧，並表示此時絕不出售以便日後待價而沽，經過數度折衝，孫某終於答應讓售，這些先前被認為散佚的劇種也終於重見天日了。經過鄭振鐸的整理，他發現《也是園藏古今雜劇》，原為明末趙琦美脉望館所藏《脉望館鈔校本古今雜劇》，後來鄭振鐸寫了一篇〈跋脉望館鈔校本古今雜劇〉，詳述這本書的來龍去脈與發現過程。

鄭振鐸是當代著名藏書家，抗日戰爭時他曾組織「文獻保存同志會」，為政府收集古籍善本，以免落入日本等外國人手中。鄭振鐸曾說自己買書是學習

右為人類學家米德。　　Corbis

十七世紀開始的中國，正是明末清初，兩個朝代交替的階段。明朝之顛覆，固然是各個方面許多原因所造成，但後期以王陽明的心學而發端之清談，導致國無可用之士，則是有些人主張的最嚴重的病因。顧炎武正是其中的代表人物。

顧炎武生於1613年（明萬曆四十一年），卒於1682年（清康熙二十一年）。顧炎武生於江南世族，自幼就一方面「潛心古學」，一方面又「留心當世之故」，走上不同於一般人的讀書途徑。對於科舉制度，他認為只是一個桎梏：「以有用之歲月，消磨於場屋之中」，因而後來科舉不中之後，就乾脆放棄仕途，博覽群書，立志倡導經世致用之學。1644年（崇禎十七年），顧炎武三十三歲那一年，目睹明朝滅亡，更讓他確認心學空談誤國，因而說「以明心見性之空言，代修己治人之實學」，乃造成明朝「宗社丘墟」的主因。也因為痛感此非，顧炎武提出著名的「博學於文」、「行己有恥」兩個主張。所謂「博學於文」，乃「自一身以至於天下國家，皆學之事也」；所謂「行己有恥」，乃「自子臣弟友以至出入、往來、辭受、取與之間，皆有恥之事也。」

四方之遊，必以圖書自隨

為了身體力行自己的主張，顧炎武除了在明亡之後改名（他原名「顧絳」），參加過抗清運動，身陷囹圄之外，從四十五歲開始，他更棄家北上，在今華北、西北各地漂遊，一路「考其山川、風俗、疾苦利病」，並且「所考山川、都邑、城廓、宮室，皆出自實踐」。在這個實踐的旅途中，他一人一騾兩馬（一騾載著他隨時要讀的書，兩馬交換騎），遇到險要之地，就找當地的老百姓或當過兵打過仗的人來打聽，再有疑問，就以書籍對照查勘。為了考證歷史人物，他往往不惜步行幾里路，深入荒蕪的墓地，仔細查看墓碑上的刻文。又為了寫好《昌平山水記》，顧炎武翻山涉水親自考察，因而清代作家王弘撰曾評價《昌平山水記》「巨細咸存，尺寸不爽，凡親歷對證，不易稿矣」。如此歷時二十多年，著著實實行萬里路，讀萬卷書，顧炎武匯集了日後編成兩本書的基礎：一本是「輿地之記」，內容主要關於各地地理和自然環境的《肇域志》；一本是「利病之書」，內容主要關於農業經濟的《天下郡國利病書》。而顧炎武不論是寫這兩本書，還是編輯他畢生讀書筆記而成的《日知錄》，都寓有深意，和他終生堅持不為清廷所用相呼應，正所謂「異日有整頓民物之責者，讀是書而憬然覺悟，採用其說，見諸施行於世道人心，實非小補。如第以考據之精詳，文辭之博辨，歎服而稱述焉，則非先生所以著此書之意也。」（《日知錄》潘耒序）。

顧炎武對「實學」的堅持，不只呈現在這些大方向上，也顯示在他的一些方法上。由於從小養成的習慣，他「自少至老，未嘗一日廢書。出必載書數簏（竹子編成的箱子）自隨」。不但如此，他讀書時要抄書（連《資治

通鑑》都曾抄過一遍），更有隨時做筆記的習慣，這些長久累積下來的心得，不但能讓他得以累積而成《日知錄》、《天下郡國利病書》、《肇域志》這種經、史、地理方面的巨著，還讓他在流離顛沛中也能就音韻、金石、詩文等學，也有精深造詣，並多有著述（如《音學五書》）。

顧炎武的「實學」，還有極為神奇的一點呈現。那就是他懂得把自己的知識轉為財富。顧炎武自己原有的家業，在明亡時分因為遭人覬覦而破，但他北遊之後，一生羈旅，卻無困乏，原因就是他很會運用自己對地理與經濟的知識，懂得墾田。他注意到一些有價值的地方，就會在那裡墾田，墾好了，再交給別人經營，自己又另行他往。今天山東、山西許多地方都有他墾田的遺跡。

顧炎武的年代，離西方文藝復興的年代大約一百年，相去不遠。西方的「文藝復興人」（Renaissance Man）強調人有能力出入各種知識都輕鬆自如。顧炎武不但是田野調查的先行者，自己也實證了「文藝復興人」的存在。

「拯救」行動

美國人類學家米德（Margaret Mead，1901－1978），也像顧炎武那樣，懷著一種強烈的使命感。顧炎武的使命感，是由國家民族的存亡而來的，而米德的使命感，則是由人類原始文化的存亡而來。

1920年，米德在哥倫比亞大學的巴拿學院，選讀了由鮑亞士（Franz Boas）任教的人類學系。當時人類學學者十分憂慮在殖民政權統治下的「原始」民族文化（如美國印弟安）會很快消失，因此都抱著一種「搶救文化」的心態。打從1925年開始，米德曾到過薩摩亞群島、新幾內亞、巴里、西印度群島等地從事田野調查，並把調查結果發表在她的作品《薩亞摩人的成年》、《新幾內亞人的成長》和《巴里島人的特質》中。米德的研究所產生的影響是廣泛的，不單是女權主義、性別研究，也包括了心理人類學、青年及社化研究等。

米德的研究主要環繞著性別和文化，在薩摩亞的田野調查目的，是要找出在社會及文化變遷下，處於青春期的薩摩亞少女會顯露出什麼樣的性格特質，在傳統的社會約俗下會作出什麼樣的反應，在新幾內亞時則研究不同族群文化中的兩性角色。米德主要的調查方法是找族群內的成員當報導人（Informant），訪問他們和替她進行翻譯、蒐集神話傳說，米德甚至蒐集了三萬五千幅當地兒童所畫的繪畫（從而了解其泛靈信仰），以及把各種祭典活動，用文字和影像記錄下來。田野研究要求人類學家持著「正確」的態度來作出調查——尊重所研究的民族。其中一個很重要的方法是「參與觀察」（Participant Observation），人類學家需要融入該族群的生活中，尤其參與族群內各種祭典活動，從當中的歌舞、族人當時的精神狀況等，了解他們的心理投射。

感他們所感

米德在研究薩摩亞的女孩的生長環境時，更參加她們各種的遊戲、使用她們的語言、吃她們所吃的食物，希望能縮少自己和女孩們之間的差異，設法去了解她們。可是，另一方面人類學家卻要保持客觀，也不能受本身文化背景及個人價值觀影響對該族群的分析：「因為調查工作非常困難，若要做得好，必須先掃除心中所有的成見……在田野工作中，沒有一件事可視為當然，因為如此，就無法看出新奇、獨特。」米德說。人類學著重把不同的文化作出比較，「文化衝擊」（Cultural Shock）對人類學家來說可以是一件好事，生活瑣事有如某個母親的哺乳方式，內裡也可能大有文章。

在這種人與人高度互動的情況下，學會用當地語言溝通比任何事情更重要，然而學習陌生的語言，是每一個從事田野工作的人類學家最大的困難之一。在薩摩亞時，米德找了一個小女生每天教她一個小時薩摩亞語，然後再用七個小時來背單字。有一次當報導人未能清楚解釋「恩威爾」（一種新娘禮服）是什麼時，和米德一起做調查的人類學家里歐（Reo Fortune）便命那個報導人拿來給他們看看。那個報導人即驚叫：「難道解釋『臥室』也要把整套臥室設備帶來給你們看嗎？」

由於報導人對人類學家是如此重要，學會跟當地居民或官員相處便很重要，搞好人際關係到有需要時就可以拿到「方便」。米德認識了一位當地的小朋友，小孩的母親便安排她住進村裡，米德就在那十天裡學會了薩摩亞的禮儀。田野調查倚重報導人所給的資料，因此研究過程和結果也容易被人為因素所支配。米德曾感慨地說：「也許在整個田野調查中，看不到任何重要儀式，沒有任何重要人物的死亡，也沒有任何戲劇性的一幕可以即時描繪出該民族生活的藍圖。田野工作者數月等待一個一再延期的慶典，最後終於聽到將在他們離開後兩個星期舉行。」二十世紀初期，一般人類學學生都沒有受過系統化的田野調查技巧和應具備的態度，一切都得靠臨場的應變技巧。米德在新幾內亞的奧拉柏西時，搬行李的腳夫把她丟在山上一個村落，一個她從沒打算調查的村落，可是礙於無法搬動六個月的補給品到其他地方，米德就這樣被迫在那裡待了七個月。

「森林裡有一條分岔路，而我選擇了一條較少人走的路，這就是我與眾不同之處」（The Road Not Taken, Robert Frost, 弗羅斯特）。顧炎武二十多年遠遊異鄉，卻成為清代學術的開山之祖。二十一歲的米德，獨自到一個南太平洋小島做田野調查，推翻了當年西方社會對兩性角色的傳統觀念。

他們都選擇了一條少人行走的路徑。

參考資料：
《日知錄》顧炎武著。台灣中華書局
《米德自傳》張恭啟著。巨流圖書公司
《米德—人類學的先知》陳品君譯。牛頓出版股份有限公司
《中華歷史名人—顧炎武》林建曾著。新蕾出版社

Part6
獵物的享受
Enjoyment

墨汁因緣，艱於榮名利祿

藏書家想買一本書時，總是千方百計，為此不惜金錢者比比皆是。

文、攝影—徐淑卿

一位藏書家的書房一角。

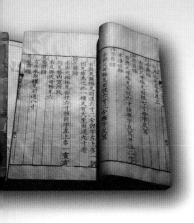

在章詒和的追憶文集《往事並不如煙》裡，記錄了她年少時和羅儀鳳的一段對話。羅儀鳳是康有為的外孫女、康同璧的女兒，在1960年代的運動狂潮裡，這對被稱為「中國最後貴族」的母女，逐漸感受到疾風驟雨惘惘的威脅。有一天章詒和看到羅儀鳳把一套上好的英國沙發送人，覺得非常不解，便問羅儀鳳何不留著自己用？羅儀鳳回答說：「許多事要提前做安排，不能等老了以後再說。特別是那些視為珍貴之物的東西，一定要由自己親手處理，不要等到以後由別人來收拾。」當時章詒和覺得終身未婚的羅儀鳳猶如提前執行遺囑一樣，有些殘酷，但是時移事變，等到章詒和也成為孤身一人時，她不但理解了同時也接受了羅儀鳳的想法。

對於藏書家來說，他們不是不明白這些千辛萬苦尋來的珍本秘籍，總是有著曲折坎坷的身世，同時在自己身後也還有著變化莫測的命運。但是出於對書的狂痴熱愛，深恐圖籍絕跡於世的憂懼，他們總是忍不住尋書、藏書，想以有涯之身，試探不可預料的天意。鐵琴銅劍樓的後人瞿啟甲臨終時對兒子談起一百五十年來藏書的苦樂交集：「既要防水火蟲鼠之害，又要避兵燹人禍之災，藏書人的艱辛，我瞿氏五代人盡嘗之矣！記得你們祖父在時，常說藏書苦，藏書難，但苦中有樂。所以每得精槧善本和秘本、孤本，總是欣喜若狂。」明末清初大儒錢謙益的族孫錢曾也是著名藏書家，他在〈述古堂藏書目自序〉言及，曾於雲上軒見張以寧《春王正月考》，欲借而不可得，因此耿耿於胸臆間五、六年，某年秋天有人持書待售，這本書赫然其中，他得之如獲拱璧，也由此感嘆說：「因感墨汁因緣，艱於榮名利祿。然世間聚散何常，百六飆回，絳雲一炬，圖史之厄，等於秦灰。今吾家所藏不過一毛片羽，焉知他年不為有力者捆載而去，抑或散於麵肆酒坊，論秤而盡，俱未可料。」

吝書、惜書

平心而言，一位愛書人之所以有如獲拱璧之樂，必定是某位藏書家或藏書樓有書籍散佚之禍，此乃世道輪迴無可議者，不過錢曾在文中提到的「絳雲一炬」就是無力回天的憾事了。對於藏書家來說，獲得書籍的方式不外勤於書肆尋寶、聯絡書賈以及抄書數途，尤其是抄書，不管對財力未逮的讀書人或是已有不少藏書的藏書樓而言，都是充實所藏的好方法，因此許多藏書樓都有互相抄書的約定。絳雲樓主人錢謙益在北京時，常到曹溶家裡借書抄錄，有次曹溶對錢謙益說，先生家裡必定有路振《九國志》、劉恕《十國紀年》，等到先生南歸時，希望能到府上借書。當時錢謙益滿口答應，不料曹溶真的去借書時，錢謙益卻以家裡實無二書回絕了。日後絳雲樓突遇火災，所有藏書付之一炬，曹溶聞訊前往錢府慰問，沒想到錢謙益卻嘆息說，自己有惜書癖，曹溶想借

的那兩本書其實他是有的，但是擔心輾轉丟失，所以不與相借，現在這些書已經永遠失傳了，如果有曹溶的抄本，至少還可以抄回來啊。

因為吝書、惜書，反而使善本、孤本、秘本毀於一旦的情形，其實屢見不鮮。近代著名的例子便是商務印書館的東方圖書館。1907年晚清四大藏書樓之一皕宋樓被日本人買走，事前商務印書館主持人張元濟攔阻未成，這件事深深引起他對中國古籍命運的擔心，因此他開始動用商務的資金搜購各大藏書樓流出的珍本，歸商務涵芬樓收藏。1924年商務東方圖書館落成，涵芬樓藏書也遷入館中，不料1932年日本發動一二八事變，東方圖書館被日本人縱火焚燬，館藏四十六萬冊圖書和七萬冊古籍化為灰燼，張元濟見此情景潸然淚下，他本想把古籍收集起來免遭流散，不料竟適得其反。

或許正是因為書籍的命運如此坎坷，所以藏書家每遇珍本，總是如獲至寶，這種心情在鄭振鐸收錄於《西諦書話》的〈求書日錄〉裡表現的淋漓盡致。他說：「摩娑著一部久佚的古書，一部欲見不得的名著，一部重要的未刻的稿本，心裡是那麼溫熱，那麼興奮，那麼緊張，那麼喜悅。」他一直相信「如果能夠盡一分力，必會有一分的成功。」而最能夠印證他這種人生態度的，就是他尋獲《脉望館鈔校本古今雜劇》的故事了。多年來鄭振鐸一直希望能看到錢曾〈也是園書目〉所載的元明雜劇，他樂觀的相信這些古劇一定尚在人間，保存於某位藏書家手上，「他們的精光，若隱若現的直衝斗牛之間，不可能為水，為火，為兵所毀滅。」這是何其單純的一種信念，但是這個願望居然成真。

得一奇書失一莊

先是1929年《北平圖書館月刊》刊載丁祖蔭的文章，言及曾在趙宗建舊山樓看到《也是園藏古今雜劇》，鄭振鐸看到這個消息「喜而不寐者數日」，可是當他託人詢問丁祖蔭該書下落，丁卻回答書已還給舊山樓，不知流落何所。直到1938年5月，鄭振鐸自言這是永遠不能忘記的一天，一位朋友電告他蘇州書賈手中有三十多冊元劇，當下他即猜測可能就是《也是園古今雜劇》，後來果然證實無誤，原來這本書之前的確在丁祖蔭手上，所謂「不知流落何所」乃是欺人之談。不過真的買下這部他視為國寶的孤本，還是費盡許多周折。這三十餘冊元劇只是《也是園藏古今雜劇》的一半，另一半在古董商人孫伯淵那裡，

孫某搶先一步買了蘇州書賈的三十餘冊合成完璧，並表示此時絕不出售以便日後待價而沽，經過數度折衝，孫某終於答應讓售，這些先前被認為散佚的劇種也終於重見天日了。經過鄭振鐸的整理，他發現《也是園藏古今雜劇》，原為明末趙琦美脉望館所藏《脉望館鈔校本古今雜劇》，後來鄭振鐸寫了一篇〈跋脉望館鈔校本古今雜劇〉，詳述這本書的來龍去脈與發現過程。

鄭振鐸是當代著名藏書家，抗日戰爭時他曾組織「文獻保存同志會」，為政府收集古籍善本，以免落入日本等外國人手中。鄭振鐸曾說自己買書是學習

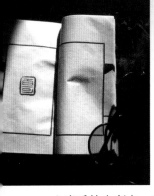

清代被稱為「書魔」的「百宋一廛」主人黃丕烈的作法，也就是書商上門時，即使沒有自己想要的東西也要選購幾部，不使他們失望，日後自然會有驚奇的發現，這是千金買馬骨的意思。

藏書家想買一本書時，總是千方百計，為此不惜金錢者比比皆是。明代王世貞就有「得一奇書失一莊」的佳話。原來他在南京任職時，遇到一位書賈手中有宋版《兩漢書》，不但版刻精美而且裝幀講究，但是索價極高，他沒有足夠的現金，又擔心書為他人奪去，所以乾脆就用一所莊園換了《兩漢書》。比較悲慘的例子則發生在明代另一藏書家胡應

中日藏書之爭

1907年皕宋樓所有藏書被日本三菱財團成立之靜嘉堂文庫買去，消息傳出，國內藏書界深感震驚，無不視為書史上一次浩劫。

皕宋樓主人陸心源生於清朝道光年間，他在太平天國與第二次鴉片戰爭之際，趁亂收購不少藏書樓流出的精品，其中宋版書達一百種以上，因此將原藏書樓闢出一部分專門收藏宋、元珍本，名曰：「皕宋樓」。「皕」為兩百之意，雖然陸心源所藏宋版書未必到兩百種，但和乾嘉時期有「百宋一廛」雅稱的黃丕烈相比還略勝一籌，因此陸心源將藏書樓取名為「皕宋樓」，似有凌駕其上之意。

無怪陸心源如此自豪，在皕宋樓的藏書中有許多《四庫全書》未收本、孤本與罕見秘籍，文獻價值不可估量。陸心源浙江歸安同鄉李宗蓮，曾將皕宋樓和天一閣做一比較，認為天一閣有「五不及」。像是總體藏書量皕宋樓是天一閣的兩、三倍；天一閣宋、元版書不及皕宋樓；天一閣對藏書守之甚嚴，不若皕宋樓「公諸士林」等等，對皕宋樓評價極高。

可惜的是，陸心源去世未久，陸家經營的絲廠、錢莊分別倒閉、破產，他的兒子陸樹藩擔心藏書樓將因難以維持而有散失的危險，因此寄望清廷或地方政府如兩江總督端予以保全，但並沒有獲得明確的回應。爾後陸家經濟更為惡化，於是陸樹藩遂產生將藏書高價售予日本的想法，後來由靜嘉堂文庫的創建者岩崎彌之助購得。其實當時張元濟也在四處波走，希望能留下這批書，但終究功虧一簣。

因為皕宋樓藏書被日本人買走，引發了國人對古籍流落異邦的警覺。如八千卷樓的後人不得不抵賣家產時，端方唯恐皕宋樓的舊事重演，因此斥資七萬五千銀元將藏書全部收購，存於現在的南京圖書館。另外，張元濟也在商務印書館成立涵芬樓，作為收購藏書之用。

在整個對日戰爭期間，擔心日本人搶走珍本古籍一直是學界的隱憂大患。鄭振鐸曾解釋，「八一三」之後，為什麼他還要留在上海，而不走向自由地區？原因就在於他要為民族從敵人手中搶救古籍。所以有八年時間，他前四年「耗心力於羅致、訪求文獻」，後四年「盡力於保全、整理那些已經得到的文獻。」他說，當時偽滿在購書、敵人在購書，陳群、梁鴻志在購書，「但我所要的東西絕不會跑到他們那裡去。」鄭振鐸分析說，北平書賈在江南尋到好書，通常浩浩蕩蕩車載北去，這些書十之七六是賣給哈佛燕京學社和華北交通公司，偶有特殊之書則送到北方收藏家手中，殿版書和開化紙的書則送到偽滿洲國。重要的是，「華北交通公司等機關收購的書，都以府縣志及有關史料文獻者為主體，其居心大不可測。近言之，則資其調查物資，研究地方情形及行軍路線；遠言之，則足以控制我民族史料及文獻於千百世。一念及此，憂心如搗。」

不過許多事情是難以預料的。比如說，皕宋樓一事引起朝野對清廷無法保護古籍的憤慨，但這日後也成為一些人染指藏書樓的藉口。如1909年端方就是以這個理由逼鐵琴銅劍樓獻書，1930年又有人打鐵琴銅劍樓的主意，造謠說他們想把書賣給日本人，後經張元濟、蔡元培辯誣並查證所控不實，事情才平息下來。

更不可測的是，皕宋樓的書東渡日本後，不但避過此後中州連年征戰的厄運，1923年日本關東大地震時，許多文庫藏書付之一炬，靜嘉堂文庫卻免於火劫，皕宋樓藏書幾次劫後逃生流傳於世，難怪日本人驚嘆「此係天數」。（徐淑卿）

麟身上。他曾說自己為了買書「窮搜委巷，廣乞名流，錄之故家，求諸絕域，中間節衣縮食，衡慮困心，體膚筋骨，靡所不憊。」有回他在書舖看到百卷抄本的《柯山集》，但是沒有足夠的金錢，於是和店主談好，第二天帶著兩匹上好布料和比較值錢的衣服拿去換書，沒想到當晚書舖發生大火，所有的書都燒光了，胡應麟為此沮喪不已。

　　有些書是用錢買得到的，有些用錢買不到的書，就要各顯神通了。清初藏書家朱彝尊聽說錢曾根據自家述古堂、也是園藏書，編撰了善本書目《讀書敏求記》，其中著錄他珍藏的孤本秘籍，朱彝尊非常想一睹為快，但聽說錢曾對此書總是隨身攜帶秘不示人，於是他想了一個方法，也就是大擺宴席，趁錢曾和文友們觥籌交錯時，買通錢曾的書童將書取來，請預先雇好的數十位抄手，連夜抄錄完成。

　　每位藏書家的收藏方向可能各有所好。像天一閣開創者范欽喜歡收集明朝當代的地方史志和政書；千頃堂黃虞稷則是以當代珍本秘籍為主，帝王將相或文人平民的野史箚記都在收藏之列；另有一些人則喜歡宋版書，如清朝黃丕烈就有「佞宋」之稱。不管喜好如何不同，為了讓藏書事業能在自己身後傳承下去，藏書家就必須歸納出方法傳諸子孫，一種是購書的方法，另一種是藏書的方法。

護書守則

　　明代藏書家祁承㸁就寫了一篇著名的〈澹生堂藏書約〉。他提出「購書三術」、「鑑書五法」：三術

天一閣（駱兆平提供）

偵探小說裡的書商買書秘訣

書名：死亡約會（*Booked to Die*）

作者：約翰‧頓寧（John Dunning）

主角：克里夫，三十六歲。一位夢想當舊書商的警察，後來如願以償，並抱得美人歸。

買書秘訣：

1. 知名作家的首版書可能價值不斐，但若是俱樂部版的首版書就一文不值。

2. 首版書如品相良好、封套鮮豔如新，外加還有作者簽名或名人題字，身價當然可期。但是如果有晚餐的湯汁掉到書名頁上，有人把扉頁撕掉，有小孩在空白處塗鴉，買書人寫上大名，以及一時興起在發人深省隨手畫線，則又另當別論。

3. 同樣是運動書，未來銷售展望卻各有不同。棒球書全是好東西，橄欖球則是浪費紙張。因為棒球迷喜歡看書，橄欖球迷只喜歡狂歡。關於籃球的書不值一讀，而曲棍球類書籍則比較慢熱。一定要買高爾夫球的書，任何一本這種書都賣得掉。可以買賽馬和賽車的書，關於桌球和象棋的也要買，而且越老越好。不過千萬別買保齡球的書。

4. 如果你有兩本一模一樣的珍品，記得一次只擺出一本。顧客會買的永遠是那種機不可失的書。

5. 你買的東西一定是你喜歡的和你會讀的。（徐淑卿）

是「眼界欲寬，精神欲注，而心思欲巧」，也就是購書範圍要廣，要專心致志養成讀書的好習慣，另外買書還得多動腦筋講求方法；所謂五法則是「審輕重，辨真偽，核名實，權緩急，別品類」。他還和子孫約定管理辦法：「入架者不復出，蠹嚙者必速補。子孫取讀者，就堂檢閱，閱竟即入架，不得入私室；親友借觀者，有別本則以應，無別本則以辭，正本不得出秘園外。書目視所益多寡，大校近以五年，遠以十年一編次。勿分析，勿覆瓿，勿歸商賈手。」

　　現存最早的藏書樓天一閣，也有著非常嚴格的規定。范欽之子范大沖立下「代不分書，書不出閣」的禁約，規定藏書由子孫共同所有、共同管理，閣門、書櫥門鎖鑰分房掌管，非各房齊集，不得開鎖。據說直到現在天一閣裡仍有一塊當年的禁牌：「子孫無故開門入閣者罰不與祭三次；私領親友入閣及擅開書櫥者罰不與祭一年；擅將藏書借出外房及他姓者罰不與祭三年；因而典押事故者除追懲外，永行擯除不得與祭。」平日為了保存藏書，天一閣除了在設計上就注意空氣流通之外，平常還注意防火以及用芸草防蠹、英石吸潮等措施。並且在每年梅雨季節封鎖書庫，出梅至中伏其間，輪值者必須邀請各房房長開鎖進入書樓，翻曬圖書。

　　不過就像之前所言，藏書人有淘書、覓書之樂，必定是因為某一藏書樓主人或子孫無以為繼之故，似乎再怎麼嚴密的方法，都不能保證子子孫孫永寶用。鄭振鐸曾在〈售書記〉裡敘述為了生活不得不賣書的慘痛經驗，不過兵燹、天災、盜竊或是為了生計，都有其不得不然而不必深疚的原因，但是像毛晉汲古閣的例子，就讓人有子孫若此，為鬼亦當哭號之感。據《汲古閣刻版存亡考》載：「相傳毛子晉有一孫，性好茗飲，購得洞庭山碧螺春茶、虞山玉蟹泉水，患無美薪，因顧四唐人集板而嘆曰：『以此作薪，其味當倍佳也。』遂日劈燒之。」愛書者遭遇之悲之慘，大概莫過於此了。

歷史的容顏，文化的印痕
品味古籍的三疊情懷

蕎然回首，從異文化之喜，歷跨時空之思，終至人世滄桑之慨，
或許閱讀古籍的體會，從來不是單面的。

文·圖—振瑋

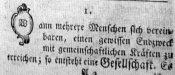

《公共秩序、經濟政策與財政學原理》導論首頁

　　城市的記憶，總在轉瞬間消逝，變遷中的文化印痕，總格外教人離情依依。十八世紀的維也納，文化上開啓以海頓、莫札特爲首的第一維也納樂派，政治上歷經重視文藝的哈布斯王朝，遺留人間豐饒的文化遺產，供後世遙想憑弔。約莫所有有情的事物皆許人留連徘徊，承載人類文明深刻記憶的古籍，自然也不例外。

　　1765年國力蒸蒸日上的哈布斯王朝，一方面亟思擴張王權，一方面正值啓蒙思潮，民智大開。此其時也，諸如國家的最終目的、恰當的國家管理等論題，逐漸成爲學術討論的核心，標誌著西方經濟學「國家學」（Staatswissenschaft）的重要發展階段。百家爭鳴的時代氛圍，歐洲學人自然不乏針砭與建言，其中深具代表性的著作之一，即是Sonnenfels（1733-1817）的《公共秩序、經濟政策與財政學原理》。

其一：喜

　　一般而言，古籍的價值通常由歷史意涵、稀有程度與裝幀品相等要素共同決定。細觀此書，裝幀素雅，品相尚佳。不若流行於維多利亞時代，華麗的隆凸書脊紋染紙面皮背半裝，米色素雅的硬紙書皮與蘸墨手寫的標題編號，想來正符合學術書一般而言略顯枯燥的印象。書脊頂底與四尖書角皆有磨傷，內頁則少見地保持淨潔，幾無斑染。

　　作者的藝術造詣極深，曾引領維也納「市民劇院」的改造運動，更於1811年擔任維也納視覺藝術學院院長，職是之故，本書內頁悉心安排饒富意涵的木刻版畫，便不令人感到意外。打開書頁，標題即見深居洞穴的沉思老翁，吾人雖未知其名，卻直接引人思及柏拉圖著名的洞穴之喻。（註1）次頁卷首題詞，表明此書獻給彼時維也納君主約瑟夫二世（Joseph Ⅱ），「以抵還庇護之恩，並致力於人道考量的市民福祉」。原來作者之意在於透過文字著作，說服君王重視人民生活的基本條件。其中特別值得一提，序文首頁刻印著一隻凌空翱翔的巨鷹，鷹嘴銜著一面刻寫「羅馬第二希望」（註2）的人頭塑像，鷹爪則握著十字劍與權杖，由此得見神聖羅馬帝國傳統精神的延續。

　　因此，有別於新刻近印，閱讀古籍宛如品嚐陳年佳釀，讀者不僅得識十八世紀歐洲的印書工藝，亦

作者致約瑟夫皇帝獻辭

得親炙豐富的文化意象，趣味盎然。

其二：思

　　細品書本內容，則有脫離塵囂凡俗，步入時光隧道之感。從學科發展的歷史來看，彼時德語地區經濟學剛從王室的財政收支，蛻變為肩負社會公義、追求經濟秩序的體系科學。從作品的時代脈絡來看，本書與1755年耶拿出版的Justi《國家經濟學》齊名，二者關注的論題核心，皆在探問嶄新時空條件下國家的終極目的。

　　全書分四個部分說明國家的終極目的，依論說順序為：外部安全、內部安全、糧食消費與稅賦比例。貫通的論述核心在於增加人口。作者主張良善的政府應竭盡全力增加境內人口，因為人口增加，一國的抵禦能力愈強，從而確保一國的外部安全；人口增加，開荒拓土的勞動力愈充足，愈無慮內部匱乏與匱乏衍生的問題，從而確保一國的內部安全；人口增加，需求增長，經濟體內部將隨之產生更多的糧食消費，便能刺激更多土地開墾、勞動生產的資材對外貿易，從而確保一國糧食消費的安全；人口增加，在不減少公共支出的前提下，個人擔負的稅賦比例將減少，從而確保一國的財政穩定。時至今日，以上原理不免顯得過於簡化，不符現代社會的複雜機制，而逐漸為人淡忘；儘管如此，此書深入論析的主題，諸如何謂好的國家管理，於國家職能備受非議的當代社會，仍具反覆思量的價值。

　　若從時代的思想氛圍來看，意義將更形完備。作者於序言首句即明示「君主政體」，並於各章首頁援引同時期法國思想家盧梭（Jean-Jacques Rousseau）之言，如：「擁有及保護人民是不夠的，統治者亦須考量人民的生計。基於人民生計的需要而頒布政令，既是社會意願的明顯結果，也是統治者的重要義務之一」。由此得見，倡言天賦人權的歐洲啟蒙時代，基於時代價值與社會環境的轉變，君主政體除了繼承中世紀以來稅收與武力保護的義務之外，開始逐步接受照顧人民生計的施政觀點。這一政治內容的實質轉變，表達十八世紀中葉歐洲經濟思潮充滿開創性格的理想特質。

　　因此，閱讀古籍除了開啟跨越時空的思維歷程，更增進吾人對現代社會形塑過程的自我理解。

其三：悵

　　拜網路媒介之賜，偶然在ZVAB（註3）看到這本兩冊一套的古籍，當時仍在軍中服役的我，數饅頭之餘最期待的事，便是從虛擬的網路世界，將簡化的書籍描述還原為真實可讀的扉頁。追溯書本的來

一七六八年第二版標題頁書影，維也納大學印書部出版，附木刻版畫。

源，自亦可得書外之趣。此書無鈐印、無題簽，無從考據經歷了多少主人；然有別於深宮內院悉心安藏的珍本古籍，「不幸」流落人間舊書肆的古舊書，卻因「有幸」經歷人間的凡憂與災難，而承載著書本以外獨特的人情逸趣。

細數從頭，這本書來自德國歷史最悠久的古舊書店之一，1865年成立於慕尼黑的Theodor Ackermann古書店。由書商親贈慶祝書店百年的紀念小冊得知，早於1818年創始人Theodor的父親Christian，即已在鄰近萊比錫的小城Dessau經營出版與租書事業，彼時這本書的作者Sonnenfels辭世未滿一年。歷經多次戰亂，書店幾經易主，去年八月復因財務危機，拍賣餘書結束經營，百年老店從此不復存在。

書去人空，往事俱矣，蒼悠的書扉與現實的無奈兩相映照，竟易許人滄桑之慨。驀然回首，從異文化之喜，歷跨時空之思，終至人世滄桑之慨，或許閱讀古籍的體會，從來不是單面的。

親臨原典的驚喜，會隨著生命閱歷的豐富逐日淡去；但沉澱後的深層悸動，卻常恍如昨日、歷久彌新。從一本古籍開始，進而細品書人奇緣，閱讀將不再是對象化的書人關係，而成了互為主體共同融入生命記憶的珍貴經驗。以致真正的閱讀，從來不應侷限於文本的爬梳整理，而包含廣泛的書、人彼此交織的記憶網絡。

明藏書家菉竹堂主人葉盛曾云：「夫天地間物，以余觀之，難聚而易散者，莫書若也」。聚書的樂趣，或許自始即伴隨著書本散逸的宿命。從這個角度來看，蒐藏古籍對讀者產生最直接的迷人魅力，不在知識汲取、價值增益或珍寶擁藏，而在面對古籍的同時，人也面對著歷史，與紛然雜陳迎面襲來的秋風暖意。

本文作者為平凡的愛書人，嗜讀古舊書，收集興趣集中於德語經濟學說史文獻，特別是十九世紀。

參考資料：
《Sonnenfels, Joseph von》(Herausgegeben von Ogris, Werner)
《Grundsatze der Polizey》C.H.Beck出版社，2003年9月現代字體重排版，3-406-51021-3，310 pp.。
註解：
1 柏拉圖在《理想國》卷七的「洞穴之喻」中，以走出洞穴的自由囚徒，比喻獲得真理知識的智者。
2 即所有青年皆守信。此句出自古羅馬詩人維吉爾（Vergilius Maro, Publius）的著名詩集《埃涅阿斯》(Aeneis)。
3 ZVAB，即「珍本書籍中央書目」(Zentrales Verzeichnis Antiquarischer Bucher) 的縮寫，1996年成立於德國柏林，現為德語書籍規模最大的搜尋網站
www.zvab.com。

一種最私密的狩獵

原本就是個苦悶壓抑的年代，還好有……

文—褚明仁　攝影—賀新麗

「曾經，我在面對心愛的書時，勃起過！」翻譯過多部性愛哲學著作的陳蒼多教授，在《書店》（*The Bookshop*）一書的譯序中如此坦承。

偉哉！這真是身為愛書人的終極境界。

然而，我相信，多數和我一樣的凡夫俗子，卻只有在翻閱火辣寫真或春宮圖文這類書籍時，才會有如此生理反應；而且，我更相信，這樣的反應，會叫人情不自禁地去按圖索驥，樂此不疲……。

以下，就是一個愛看各類寫真畫冊、軟硬無忌（Softporn & Hardcore）的人，廿多年的狩獵紀要。場域空間從彼時充滿舊書霉味的台北光華商場，一路推進東京神保町、倫敦查令十字路，到巴黎蒙馬特的性商店。雖都是無心插柳，卻讓我在鎖定畫中人影的尋覓過程裡，享受到戀物迷宮裡的解謎狂喜。

山口百惠

這要從1977年一張日本東寶月曆說起。

原本就是個苦悶壓抑的年代，偏偏那年我又升上國三，每晚補完習背著沈重書包回家時，巷口「明美服裝店」櫥窗裡的大型月曆人影，是我逃離現實的唯一渠道。從來沒看過那麼清麗動人的女子，東寶電影公司月曆封面，是僅有線索。「那她一定是日本女星嘍？」

那年頭濱崎步都還沒投胎出世、比爾‧蓋茲才從哈佛休學去創業。想在資訊匱乏的台灣當個哈日族，還真不易。我只能去光華商場，從霉味充斥的舊書堆裡，翻閱過期的日文偶像雜誌《明星週刊》。幸好，月曆上的女孩在東瀛實在太紅了，很快就發現她叫山口百惠，不但是東寶的當家花旦，還是紅歌星哩！她的專輯在台灣都有盜版的黑膠唱片，充滿磁性的嗓音，讓我每張都保存到現在。

褚明仁。

後來，我又發現光華商場附近的央圖台灣分館期刊室有當期的日文《朝日週刊》、《讀者文摘》，我偷偷拿著小刀，把內頁山口百惠替TOYOTA拍的廣告，一張張割回家。仔細端詳她的照片，原來都是一位叫篠山紀信的攝影師拍的，後來他可有名了！1991年，日本史上第一本露毛寫真──宮澤里惠的Santa Fe，就是他掌鏡，紀信拍女無數，幾乎每個日本女星想要脫，第一個想找的攝影師就是他，而且能被他拍到，還真是莫大的光榮。

當然，那一段泡在光華商場的狩獵歲月，並不只是蒐集到山口百惠的相關訊息而已。那時不像現在一進商場就會有小鬼直接問你：「要不要無碼光碟？」，書店老闆反而是用一種壓抑年代的含蓄方式，不經意地向你推銷歐美春宮畫冊或「小本的」黃色書刊。印象最深刻的是那個滿口金牙的老闆，當你在找書時，他會坐在一旁若無其事地隨手翻閱一本男女真槍實彈的色情畫刊，而你終於提起勇氣，胸口還撲

通、撲通跳地小聲問他：「這係蝦米冊？」他老兄會毫不拖泥帶水地回道：「北歐乁啦，熟識算你一百！」

其實這位金牙老闆提供的貨色還真不差，漸漸在我和同學間，博得「大鋼牙出品，保證好看」的口碑。只是，那時看了太多金髮碧眼的北歐嘿咻照，後來知道阿巴合唱團也是來自北歐時，總覺得曾經在哪一本色情畫刊中，看過這兩對男女主唱的肉搏演出。

蕾秋黛倫　Racquel Darrian

攝影大師荒木經性直擊逼視式的素人寫真（上）與篠山紀信專找大明星（山口百惠、宮澤里惠、葉月里緒菜）合作的「激寫」流派（下），堪稱東瀛寫真集的兩大異數。

這要從1988年7月號的《閣樓》（Penthouse）雜誌說起，我第一次驚艷於她姣好的胴體，一路飄洋過海尋覓她身影。七年後，終於在拉斯維加著名的「CES電子消費品大展」遇見她100%的本人。

那年我剛退伍，赴美唸書的同學托人帶回一包《閣樓》送我，我好像先天就有熟記面孔的能耐，看到蕾秋和她男友為閣樓雜誌合拍的床笫歡愉照片，立刻將她深植腦海，可惜雜誌並未秀出她的真實姓名。

後來我因工作關係，常飛國外，憑著在光華商場練就的靈敏嗅覺，總能探詢出各大都會裡，好書哪裡找？在倫敦查令十字路後段的某家書店地下室裡，蕾秋出現在多本不同的歐洲色情雜誌上，令人好奇的是，和她演對手戲的都是同一個男子。92年阿姆斯特丹機場過境大廳的書店，一本以她為封面的《High society》雜誌，終於出現她的名字「蕾秋黛倫」（Racquel Darrian）。同年在巴黎蒙馬特性商店裡，又找到她和男友合拍，以英、德、法三種語言出版的色情寫真，看來她真是艷名遠播。

隔年，真相大白！在西好萊塢怪店林立的Melrose大街上，無意間找到一本名為《蕾秋黛倫‧流出版》（Racquel Darrian Uncensored）的專題特刊，鉅細靡遺地深入介紹這位性感尤物。原來她自八〇年代末就和男友德瑞克藍（Derick Lane）合拍色情照片，當時美國知名的「活色生香」（Vivid）色情片製作公司找她簽約拍片，她竟堅持要在螢幕上奉行一夫一妻制，只和男友拍做愛鏡頭，其他男優免談！蕾秋打破傳統還能立足色情片圈，堪稱業界奇葩。

1995年，我去拉斯維加參觀「CES電子消費品大展」，其中一區全部展示琳瑯滿目的A片與色情互動光碟，現場還有不少A片女星亮相造勢，在最明顯的Vivid招牌下，我看到蕾秋的巨幅艷照，底下還印有她簽名會時間，頓時我眼睛一亮，心中就像展場外金銀島大酒店的海戰場面般轟隆澎湃。

結果，那一天，我放下工作，排了20分鐘，終於和她握到手、拿到簽名、還合影留念。臨睡前，還帶著笑意回味在她面前代表台灣發聲的一段告白：「Racquel, I'm your No.1 fan in Taiwan!」這下，當之無愧了。

美竹涼子

　　三年前，逛東京神保町書街時，買到她的寫真集，當時她還叫「樹本涼子」，之後改名「美竹涼子」進軍AV界。我一路看好她，果然，連拍了七部A片後，她奪得年度超人氣AV女優大賞。去年三月，我和她共進難忘的晚餐……。

　　那次在東京，我原本想找有關浮世繪研究的書，逛著逛著，竟然又逛到書店寫真區了。順手買了一本怪叔叔攝影大師荒木經惟來台取鏡的大開本攝影集《台北》，和英知出版社出的新人「樹本涼子」寫真集《ROSE》。返台沒多久，從光華商場A片光碟架上，發現有位新人叫「美竹涼子」，我看封面明明就是「樹本涼子」的臉，莫非她改名下海了？回家看片比對，再上日本AV網站查詢，果然沒錯。她演得還真好！自此每部新片，我都買了。

　　至於為什麼會和她共進晚餐？這要從一位日本山口組大哥說起。我因為某種關係而認識這位在日本A片界的大號人物。某日，一位公關公司的好友問我能否透過這位大哥的管道，邀日本AV女優來台為展覽代言，我當下覺得有趣，便撥電話一試，沒想到這位日本大哥很阿莎力地說：「大丈夫（沒問題）！想找誰，就開名單來吧！」

　　其實，當時我還是很為好友的展覽票房設想，先開出「草莓牛奶」這位名字好記、好宣傳、在台又擁有龐大地下影迷的AV女優為首選，再以私心挑美竹涼子為備選，結果天從人願，「草莓牛奶」因在大阪有簽名會而未克前來，順理成章地由美竹取代來台！

　　就這樣，我又經歷一次由寫真集、A片光碟、到遇見她本人的奇異搜尋過程。而這回的後半段，完全是利用私心特權安排，更顯刺激。至於那天的晚餐有多難忘？真的很難忘：吃完飯的感覺是

褚明仁私密書房的蒐藏，以攝影師為主題的有荒木經惟完整作品（上）；以美女為主題的有美竹涼子拍攝的寫真集、主演的盜版A片光碟等（下）。

——日本AV界的化妝技術真是一流！有時候，活生生面對面的殘酷現實，總叫人失望。

　　於是，轉來轉去，我還是最愛光華商場這個異色狩獵啟蒙站，它永遠給你無限遐思與希望，從古老的印刷到最新的數位科技模式，它永遠能給你最私密的滿足。迄今，我雖未能達到陳蒼多教授的愛書人最高境界，但不論行獵於哪個大都會的書街，偶爾，嗅到類似光華商場的紙張霉味，竟然有會那麼一下下莫名的感官悸動……。

本文作者為資深媒體人

在森林狩獵時要閱讀的50本書

4本和其他46本

與閱讀的狩獵有關的網站推薦詳細介紹與內容，請上網查閱，網址為：
http://www.netandbooks.com/taipei/magazine/no9_reading/index.html

關於狩獵的4本首選書

《中國歷史研究法》 梁啟超／著（河北教育）

閱讀是一種狩獵的話，之所以要狩獵，不外乎是因為獵物之未知，或是因為獵物之隱匿，或是因為獵物之遭到遺忘。人類是遺忘的動物，因而歷史也是遺忘的歷史。有人說所有的歷史都是當代史。每一代人總要自己解釋一遍歷史，解釋的過程，新發現一些，也又遺忘一些。因此如果說閱讀是一種狩獵的話，對歷史的狩獵可能是最基本的一種，最有趣的一種，也是最困難的一種。何況又是中國歷史。

本書其實是梁啟超三本著作的合編：《中國歷史研究法》、《中國歷史研究法補編》、《清代學術概論》。梁啟超寫《中國歷史研究法》和《中國歷史研究法補編》，分別在1921年和1929年。

前者為六章，論述「史之意義及其範圍」、「過去之中國史學界」、「史之改造」、「說史料」、「史料之蒐集與鑑別」、「史跡之論次」。後者分一個緒論、一個總論，五個分論。五個分論是「人的專史」、「事的專史」、「文物的專史」、「地方的專史」、「斷代的專史」。這麼把章次看下來，就可以知道其涵蓋範圍之全面，而架構之清楚與必要。至於文字，以筆鋒常帶感情的梁啟超來說，當然就更為生動與明白。試看下一段他是論史家文采中之「簡潔」：「大凡文章以說話少含意多為最妙。文章的厚薄，即由此分。……比如飲龍井茶，茶少水多為薄，葉水相稱為厚。……我所要求的，是章無剩句，句無剩字。」再如他論「飛動」：「尤其是歷史的文章，為的是作給人看。若不能感動人，其價值就減少了。作文章，一面要嚴謹，一面要加電力，好像電影一樣活動自然。……不能使人感動，算不得好文章。旁的文章，如自然科學之類，尚可不必注意到這點。歷史家如無此種技術，那就不行了。」

梁啟超這段文字，其實也是為《中國歷史研究法》下了最好的註腳。（傅凌）

《15至18世紀的物質文明、經濟和資本主義》
（*Civilisation matérielle;Economie et Capitalisme*）
費爾南・布勞岱爾（Fernand Braudel）／著 施康強、顧良／譯（貓頭鷹）

中國傳統文化裡的閱讀、求學之道，最值得稱道的是把這兩者和人生處身立世的原則相結合，天行健而君子自強不息。而最大的問題，則是求學太過注重大的道理，經史子集的研讀，不談別的，連醫學這種領域都被稱之為「小說」。閱讀的方向，重點固然有了，但也偏狹。清朝雖然考據學大為發展，但主要方向仍然是在「漢學」之上。中間雖有例外，究屬個別情況。

這麼看來，西方以年鑑學派為代表的閱讀與求學的派別，則大異其趣，自成系統。他們不但能在極小的課題上展現出令人為之瞠目結舌的廣闊視野，也能在廣闊的課題上描繪出最細微、精緻的筆觸。遠近、大小、左右交互運用，編織出壯觀之極的閱讀田野。

布勞岱爾（Fernand Braudel，1902-1985）是年鑑學派的代表人物。以年鑑學派的寫作風格，他能創作出包括《地中海與菲利浦時代的地中海世界》、《法國史》及本書等等許多篇幅浩大的巨著，令人驚異。

《15至18世紀的物質文明、經濟和資本主義》觀察的是西歐在工業革命發生前，四百年間社會的全方位變動。全書分三卷，第一卷是「物質生活」，第二卷是「經濟生活」，第三卷是「經濟世界」。有心進行閱讀狩獵的人，讀他這部書起碼有三個收穫：了解西方一段極為重要的歷史，見識他的狩獵結果，觀察、學習他的狩獵方法。（傅凌）

《一千零一網》（*Weaving the Web*）
提姆・柏納李（Tim Berners-Lee）／著 張介英、徐子超／譯（台灣商務）

人類寫作、閱讀的歷史，極為久遠，但是第一次真正的革命，出現於紙張的發明，第二次革命，出現於印刷術的發明，第三次革命，則出現於網路的發明。

網路和電子郵件最早誕生，是1960年代末、70年代末，美國學術界的事，但是這兩樣東西真正走入每一個人的生活之中，並且造成出版與閱讀的轟然巨變，則是要到1990年中期以後的事。因此，這裡面有一個人我們不能不提到，那就是提姆・柏納李（Tim Berners-Lee）。

是他於1990年代初，寫出了http程式碼、HTML語言、URI位址結構（後更名為URL）、WWW軟體，以及第一個Web Server，所謂WWW（World Wide Web）的時代才真正開始，網路上的寫作與閱讀才真正出現巨變，以親易近人的面貌走入每個人的生活、工作、娛樂與思考之中。當《*TIME*》雜誌選出「20世紀一百位最有影響力的人物」時，愛因斯坦及佛洛伊德等科學家及思想家佔了二十位，而電腦界只以提姆・柏納李一人入選，其來有自。

今天我們每天方便地瀏覽、閱讀、使用網路，以及從那許多頁面中汲取我們所需要的訊息、知識，甚至可能智慧，應該對發明這一切的人多一些了解，了解他當初為什麼無私地奉獻出一切；也應該對我們所使用的如此方便之工具的由來、誕生經過，以及未來可能改善的可能，多一些了解。（傅凌）

《世界種子》艾力克‧紐特（Eirik Newth）／著　李毓昭／譯（晨星）

本書內容從遠古原始到現代文明，將人類跨領域知識的發展脈絡，依時代相關文化背景串聯，構築一部追求真理的史記。自人類對世界產生好奇心開始，敬畏自然的神學、宇宙生命的哲學，而後數學、天文的萌發，隨著自信不斷的增長，智慧飛快發達。文藝復興、理性啟蒙，實驗與發明、邏輯與推論、演繹與歸納，而今科學的輝煌成果，便是由萬物之初的種子（原子）枝繁葉茂的景象。

本書以故事筆調寫人類科學史，依編年附注大事記，容易閱讀且具歷史參考價值。回顧總體時代的發展，可以觀察出知識演化的分流過程，科技進步的創造累積等，實為知識無盡之旅。（葉亞薇）

《理想藏書》（La Bibliothéque Idéale）貝‧皮沃、皮‧蓬塞納（Pivot,B.、Boncenne,P.）／編著

余中先／譯（光明日報）

雖然書名是《理想藏書》，但是實際上，應該稱之為《理想讀書》，因為這是法國《讀書》雜誌從1986年起，陸續為讀者提出的一個讀書計劃。這個計劃有趣的地方，在於他們的構想。首先，他們先列出了49個閱讀的專題，包括各種語言的文學，到政治、哲學、宗教音樂、兒童讀物等等。然後，每個專題推薦49本書。49本書裡，又分最核心的10本，以及第二層的25本，第三層的14本，循序漸進。為什麼都是49？因為希望讀者能自己加上另外一個自己主張的專題，並且每個專題裡加上一本自己主張應該讀的書。（傅凌）

《華麗的探險－西方經典的當代閱讀》

（Great Books: my adventures with Homer, Rousseau, Woolf, and other indestructible writers of the Western）

大衛‧鄧比／著　嚴韻／譯（麥田）

如果你對荷馬、柏拉圖、亞里斯多德、但丁、蒙田、尼采或吳爾芙等西方文學經典有閱讀上的興趣，但每次翻開書，卻又不得其門而入，那麼，《華麗的探險——西方經典的當代閱讀》是另一個可以嘗試的途徑。作者以48歲的高齡，重回他大學母校——哥倫比亞，和一群年輕學生上文學課。本書即是他閱讀經典的心得。當時身為媒體人的作者，自覺開始痛恨媒體，他想重新找到面對生命、面對自己的力量。

也許就是因為感受到自我的危機，為了尋找自我，讓作者的這趟閱讀之旅，充滿了激情及力量，也深具感染力。（詮斐）

《哈佛書架》約翰‧肯尼思‧加爾布雷恩（John Kenneth Galbraith）等／著（海南）

本書是由全球知名學府的權威級學者推薦的書單，堪稱一份學術金字塔尖端的超級經典目錄。但是，別害怕它高不可攀。細細翻閱「有為者當若是」的知識經驗分享，你發現人類自古以來的普世價值，便在作者與讀者、寫作與閱讀中，藉由書籍一代代流傳。《都柏林人》、《審判》、《正義論》等，這些不隨時光消逝的經典著作，將繼續為人們指明方向、理解世情。

本書分為幾個部分：一百位哈佛教授的簡介與推薦理由、書目簡介與評論，及該書對自己的影響，其中針對重覆性高的經典有內容提要的說明。書後附書目原文對照索引，提供有意起而行的讀者方便查詢。（葉亞薇）

《20世紀的書：百年來的作家、觀念及文學》（Books of the Century: A Hundred Years of Authors, Ideas and Literature）查爾斯‧麥格拉斯（Charles McGrath）／編　朱孟勳等／譯（聯經）

回顧一百年來的紐約時報書評，也等於是回顧了當代人類文明史的各領域發展。本書依編年排列，彙整美國代表性期刊的書評文章，跨越國籍與文化，呈現當代先進思潮下的傑出作品。歷史也展現了時間的考驗。所謂傳世的偉大作品、時代先驅的大師，從這份世紀書評精選中將見真章。

本書除了真知灼見的書評外，尚有信手拈來的隨筆、新手名家的初步印象、難能可貴的訪談、回應挑戰的來函及歷年來的編輯選書，穿插逼真的漫畫素描、即刻事件小註，堪稱20世紀的文藝風華錄。讀者可近距離了解大師的即時世代、文學的創造與影響，及書評本身的成熟發展。（葉亞薇）

《增訂四庫簡明目錄標注》邵懿辰／撰 邵章／續錄（上海古籍）

《四庫全書》是中國歷史上規模最為宏大的叢書。全書輯聚前人著作三千四百餘種，七萬九千餘卷，又將未入選的六千七百餘種列存存目。其中每書的卷首提要、作者評介、內容旨要、輯聚之後成為兩百卷的《四庫全書總目》。又由於《總目》卷帙繁巨，在《總目》問世之前，又編成《四庫全書簡明目錄》。《簡明目錄》的差異，除了存目不錄外，亦將入選書提要加以刪節就簡，成《總目》精簡本。後於道光咸豐年間，再由邵懿辰批注、他的孫子邵章整理付刻，定名《四庫簡明目錄標注》。

一再精簡濃縮的《四庫簡明目錄標注》，提供了一窺《四庫全書》風貌，最有效率的路徑。隨意翻閱，過目其中的各書版本批注，亦讓人對中國圖書的龐大與細膩，有了豐沛的想像。（大君）

《15至18世紀的物質文明、經濟和資本主義》
(*Civilisation matérielle;Economie et Capitalisme*)
費爾南‧布勞岱爾（Fernand Braudel）／著　施康強、顧良／譯（貓頭鷹）

中國傳統文化裡的閱讀、求學之道，最值得稱道的是把這兩者和人生處身立世的原則相結合，天行健而君子自強不息。而最大的問題，則是求學太過注重大的道理，經史子集的研讀，不談別的，連醫學這種領域都被稱之為「小說」。閱讀的方向，重點固然有了，但也偏狹。清朝雖然考據學大為發展，但主要方向仍然是在「漢學」之上。中間雖有例外，究屬個別情況。

這麼看來，西方以年鑑學派為代表的閱讀與求學的派別，則大異其趣，自成系統。他們不但能在極小的課題上展現出令人為之瞠目結舌的廣闊視野，也能在廣闊的課題上描繪出最細微、精緻的筆觸。遠近、大小、左右交互運用，編織出壯觀之極的閱讀田野。

布勞岱爾（Fernand Braudel，1902-1985）是年鑑學派的代表人物。以年鑑學派的寫作風格，他能創作出包括《地中海與菲利浦時代的地中海世界》、《法國史》及本書等等許多篇幅浩大的巨著，令人驚異。

《15至18世紀的物質文明、經濟和資本主義》觀察的是西歐在工業革命發生前，四百年間社會的全方位變動。全書分三卷，第一卷是「物質生活」，第二卷是「經濟生活」，第三卷是「經濟世界」。有心進行閱讀狩獵的人，讀他這部書起碼有三個收穫：了解西方一段極為重要的歷史，見識他的狩獵結果，觀察、學習他的狩獵方法。（傅凌）

《一千零一網》（*Weaving the Web*）
提姆‧柏納李（Tim Berners-Lee）／著　張介英、徐子超／譯（台灣商務）

人類寫作、閱讀的歷史，極為久遠，但是第一次真正的革命，出現於紙張的發明，第二次革命，出現於印刷術的發明，第三次革命，則出現於網路的發明。

網路和電子郵件最早誕生，是1960年代末、70年代末，美國學術界的事，但是這兩樣東西真正走入每一個人的生活之中，並且造成出版與閱讀的轟然巨變，則是要到1990年中期以後的事。因此，這裡面有一個人我們不能不提到，那就是提姆‧柏納李（Tim Berners-Lee）。

是他於1990年代初，寫出了http程式碼、HTML語言、URI位址結構（後更名為URL）、WWW軟體，以及第一個Web Server，所謂WWW（World Wide Web）的時代才真正開始，網路上的寫作與閱讀才真正出現巨變，以親易近人的面貌走入每個人的生活、工作、娛樂與思考之中。當《*TIME*》雜誌選出「20世紀一百位最有影響力的人物」時，愛因斯坦及佛洛伊德等科學家及思想家佔了二十位，而電腦界只以提姆‧柏納李一人入選，其來有自。

今天我們每天方便地瀏覽、閱讀、使用網路，以及從那許多頁面中汲取我們所需要的訊息、知識，甚至可能智慧，應該對發明這一切的人多一些了解，了解他當初為什麼無私地奉獻出一切；也應該對我們所使用的如此方便之工具的由來、誕生經過，以及未來可能改善的可能，多一些了解。（傅凌）

《管錐編》 錢鍾書／著（書林）

錢鍾書主要的著作有：《談藝錄》、《管錐編》及《圍城》等書。《管錐編》是其中篇幅最大的一部，也是其中最令人目眩神迷的一部，成為許多其他獵人在其中馳騁，所得極多的一部。一般人多會視這部書以卻步，但是我們推薦的理由，還是在於提醒大家注意一位獵人可能的視野與功力到底可以擴展到什麼程度。何況讀來必有所獲。全書以古籍為綱，其下條列有疑問或者有可議處之條目，以中國筆記小說的形式，用文言文寫成。然而此書雖以文言寫成，但書中引文資料遍及中西方著名與冷僻之文學作品，凡與議題有關者盡皆加以網羅引用。全書以《周易》開始，以《全上古三代秦漢三國六朝文》告終。開章〈論易之三名〉提出「易」一字三義且可同時並用，以譏諷黑格爾「鄙薄吾國語文，以為不宜思辯」之無知謬說，又於〈老子‧反者道之動〉中再次嘲弄黑格爾對於矛盾的十數百言不過老子一句「反者道之動」之衍義。從而為《管錐編》闡明了其自身的存在價值與意義。

書中每則文章主要由議題、相關文獻資料與錢鍾書自己的體悟三大部分所組成，而許多的真知灼見也往往從對該議題的思辯當中迸發而出。因錢鍾書屬於「於書無不觀」型的學者，且又奉行著「折衷主義」的精神：「不為任何理論系統所束縛，敢於獨立思考，取各派之精華。」因此《管錐編》不管就取材或思辯而言，也都體現了客觀的精神。錢鍾書曾說：「一本書，第二遍再讀，總會發現讀第一遍時會有很多疏忽。最精彩的句子，要讀幾遍之後才發現。」這句話顯然也適用於這本書。（墨壘）

關於狩獵的地圖

《文明史綱》（*Grammaire des civilisations*）
費爾南‧布羅代爾（Fernand Braudel）／著　蕭昶、馮棠、張文英、王明毅／譯（廣西師範大學）
這是一部以年鑑學派的史學方法，按照長時段、中時段、短時段及總體史學觀念所寫成的世界史。
布羅代爾指出這部教材對解釋這個世界提出三種方法。首先是藉助剛剛逝去的過去加以理解；其次則是以「遠程歷史」，也就是將世界上其他重要文明作為理解現時世界「清晰的背景」；最後所設定的則是1962年世界上所發生的重大事件。歷史必須建立在它所描述的不同時間之上：與事件相關的迅捷時間，與時期相關的較為緩慢的時間，以及與文明相關的更為緩慢的時間。從事文明史這樣的世界性解釋時，必須把不同的時間快照結合在一起，就像太陽光譜那樣，最後合成純粹的白光。（徐淑卿）

《藝術的故事》（The Story of Art）宮布利希（E.H. Gombrich）／著 雨云／譯 （聯經）

這是一本進窺藝術殿堂的入門書，為了不讓它成為難以親近的大部磚頭，作者在挑選時已經忍痛排除一些大師及其名作，但本書仍近七百頁。從史前時代的洞穴壁畫到二十世紀的現代藝術，介紹了一萬五千年來動人的藝術故事，及其形成的歷史與文化背景。這本暢銷書歷經了16個版本的更動，使得圖文的結合更趨清楚、完整，尤其是引用的圖片，量多質精，讀來是種享受。

作者介紹的藝術作品，以繪畫、雕刻及建築為主，故像中國的書法是注定要缺席的。但這趟以西方視角所延伸的旅程仍舊是豐富的，就像作者說的：「誰都不知道會從這番藝術之旅裡，帶些什麼東西回家。」（藍嘉俊）

《中國思想史》葛兆光／著 （復旦大學）

本書共分三卷，首卷為導論，談的是思想史的寫法。作者以不同於以往「大歷史式」的思想史寫法，而把「一般知識」的體系納入，其文獻、視角、觀點與研究方式皆具中國當代創新意義。而這樣的思維導向，自然也反映到了對第一卷的「七世紀前」以及第二卷的「七世紀至十九世紀」的中國的知識、思想與信仰世界的觀點與寫作之中。

該書融合了古代文獻與考古文物等資料，將視野焦點從知識份子身上轉移到了平民大眾之中，並試圖解開那些早已被遺忘在無情的歲月洪流之中的大眾歷史記憶。為讀者們在中國的知識、思想與信仰世界開闢了更寬闊的視野。（葉亞薇）

《要把金針度與人》李敖／著 （商周）

據稱「當代50歲以下中國人中，讀書最多又最有文采」的李敖，在本書中扼要分享了他的閱讀方法、及200種古典名著精華。本書撇開了一般「經史子集」的古籍分類法，而以現代學科來分。從目錄學、文字學、文法學，到政治學、生理學、農學、天文學，每篇不到千字，李敖疑古不信、精要點評：既說蘇東坡「思想水準只是超級文人式的……並沒有思想家式的細膩與深入……政治觀點尤其舊派，比起王安石差多了」，亦說莊子之文「極為優美波瀾，是古文中的珍品」。本書佳處，是除了著眼傳統讀書人高舉的文史之書外，對一向不被重視的自然科學、應用技術、史地類書籍，亦多所引介著墨。（大君）

《小說稗類》 張大春／著 （聯合文學）

本書對於小說在中國文學史的偏門地位，提出各種角度的辯駁：從東西方小說代表作品、文學理論中比較對照，為小說之道抗詰。什麼是小說？恃小說為志業的作者，犀利諷探、邏輯自成，以表述個人風格強烈的小說正名集釋。書中處處具「踢館」姿態，中國小說起源論、佛斯特的名家觀點、張愛玲與白先勇等大家，作者皆提出顛覆批論，對於文學（小說）的本質真相充滿反動。

本書集結從小說之體系、修辭、因果、指涉、政治等十五類論點切面，援引古今多所文理，大膽與主流論述抗衡，重新詮釋小說的文學光譜。小說如稗，作者便要體現其野性強韌的生命力道。（葉亞薇）

《文學地圖》（The ATLAS of LITERATURE）

馬爾坎·布萊德貝里（Malcolm Bradbury）／編 趙閔文／譯 （昭明）

作家走過的地方，都成為了一處處連接於其「作品」的文學風景。這是《文學地圖》一書的由來，試圖探究每一位作家與其居住地的奇妙關聯，也彷若一本本作家小傳。

創作《神曲》的但丁一生始終魂牽夢縈於佛羅倫斯？馬克吐溫作品中的幽默及原創性和密西西比河間關係深遠？一輩子都居住在鄉間，未曾離開英國一步的珍·奧斯丁卻創作出諷刺人性的佳作？本書作者以時間為主軸，羅列了各富盛名的作家，在作家與地方、城市，甚至咖啡館、劇院等，拉起了一條細細的線。透過了這條細線，讀者有了另一番足以眺望作家的風景。除了親臨作家故居，這趟想像的旅程，也會是不錯的收種。（詮螢）

《A History of Science》SIR WILLIAM CECIL DAMPIER／著 （CAMBRIDGE）

如果有一點耐力，想要進入科學這個大獵場的話，這本書是很好的一個綜覽地圖。這本書的英文原名是《A History of Science》，但是有一個副標題是「And Its Relations with Philosophy and Religion」，直譯可以是「科學史——及其與哲學和宗教的關係」。

這本書初版於1929年，商務印書館在1940年代曾經有過一個譯本。以科學發展與相關論述出版之快速而言，我們在今天仍然選擇推薦這本書的原因，正在於它不只是描述了科學本身的發展，而是從人類的哲學與宗教源頭，以及後來和科學的關係，一路旁徵博引地敘述下來。起碼到二十世紀前葉為止的科學，它的前後左右的關係，在這本書裡有非常生動的描繪。（傅凌）

《世界種子》艾力克‧紐特（Eirik Newth）／著 李毓昭／譯（晨星）

本書內容從遠古原始到現代文明，將人類跨領域知識的發展脈絡，依時代相關文化背景串聯，構築一部追求真理的史記。自人類對世界產生好奇心開始，敬畏自然的神學、宇宙生命的哲學，而後數學、天文的萌發，隨著自信不斷的增長，智慧飛快發達。文藝復興、理性啟蒙，實驗與發明、邏輯與推論、演繹與歸納，而今科學的輝煌成果，便是由萬物之初的種子（原子）枝繁葉茂的景象。

本書以故事筆調寫人類科學史，依編年附注大事記，容易閱讀且具歷史參考價值。回顧總體時代的發展，可以觀察出知識演化的分流過程，科技進步的創造累積等，實為知識無盡之旅。（葉亞薇）

《理想藏書》（La Bibliothéque Idéale）貝‧皮沃、皮‧蓬塞納（Pivot,B.、Boncenne,P.）／編著

余中先／譯（光明日報）

雖然書名是《理想藏書》，但是實際上，應該稱之為《理想讀書》，因為這是法國《讀書》雜誌從1986年起，陸續為讀者提出的一個讀書計劃。這個計劃有趣的地方，在於他們的構想。首先，他們先列出了49個閱讀的專題，包括各種語言的文學，到政治、哲學、宗教音樂、兒童讀物等等。然後，每個專題推薦49本書。49本書裡，又分最核心的10本，以及第二層的25本，第三層的14本，循序漸進。為什麼都是49？因為希望讀者能自己加上另外一個自己主張的專題，並且每個專題裡加上一本自己主張應該讀的書。（傅凌）

《華麗的探險－西方經典的當代閱讀》

（Great Books: my adventures with Homer, Rousseau, Woolf, and other indestructible writers of the Western）
大衛‧鄧比／著 嚴韻／譯（麥田）

如果你對荷馬、柏拉圖、亞里斯多德、但丁、蒙田、尼朵或吳爾芙等西方文學經典有閱讀上的興趣，但每次翻開書，卻又不得其門而入，那麼，《華麗的探險——西方經典的當代閱讀》是另一個可以嘗試的途徑。作者以48歲的高齡，重回他大學母校——哥倫比亞，和一群年輕學生上文學課。本書即是他閱讀經典的心得。當時身為媒體人的作者，自覺開始痛恨媒體，他想重新找到面對生命、面對自己的力量。

也許就是因為感受到自我的危機，為了尋找自我，讓作者的這趟閱讀之旅，充滿了激情及力量，也深具感染力。（詮斐）

《哈佛書架》約翰‧肯尼思‧加爾布雷恩（John Kenneth Galbraith）等／著（海南）

本書是由全球知名學府的權威級學者推薦的書單，堪稱是一份學術金字塔尖端的超級經典目錄。但是，別害怕它高不可攀。細細翻閱「有為者當若是」的知識經驗分享，你發現人類自古以來的普世價值，便在作者與讀者、寫作與閱讀中，藉由書籍一代代流傳。《都柏林人》、《審判》、《正義論》等，這些不隨時光消逝的經典著作，將繼續為人們指明方向、理解世情。

本書分為幾個部分：一百位哈佛教授的簡介與推薦理由、書目簡介與評論，及該書對自己的影響，其中針對重覆性高的經典有內容提要的說明。書後附書目原文對照索引，提供有意起而行的讀者方便查詢。（葉亞薇）

《20世紀的書：百年來的作家、觀念及文學》（Books of the Century: A Hundred Years of Authors, Ideas and Literature）查爾斯‧麥格拉斯（Charles McGrath）／編 朱孟勳等／譯（聯經）

回顧一百年來的紐約時報書評，也等於是回顧了當代人類文明史的各領域發展。本書依編年排列，彙整美國代表性期刊的書評文章，跨越國籍與文化，呈現當代先進思潮下的傑出作品。歷史也展現了時間的考驗。所謂傳世的偉大作品、時代先驅的大師，從這份世紀書評精選中將見真章。

本書除了真知灼見的書評外，尚有信手拈來的隨筆、新手名家的初步印象、難能可貴的訪談、回應挑戰的來函及歷年來的編輯選書，穿插逼真的漫畫素描、即刻事件小註，堪稱20世紀的文藝風華錄。讀者可近距離了解大師的即時世代、文學的創造與影響，及書評本身的成熟發展。（葉亞薇）

《增訂四庫簡明目錄標注》邵懿辰／撰 邵章／續錄（上海古籍）

《四庫全書》是中國歷史上規模最為宏大的叢書。全書輯聚前人著作三千四百餘種，七萬九千餘卷，又將未入選的六千七百餘種列存存目。其中每書的卷首提要、作者評介、內容旨要，輯聚之後成為兩百卷的《四庫全書總目》。又由於《總目》卷帙繁巨，在《總目》問世之前，又編成《四庫全書簡明目錄》。《簡明目錄》的差異，除了存目不錄外，亦將入選書提要加以刪削就簡，成《總目》精簡本。後於道光咸豐年間，再由邵懿辰批注、他的孫子邵章整理付刻，定名《四庫簡明目錄標注》。

一再精簡濃縮的《四庫簡明目錄標注》，提供了一窺《四庫全書》風貌，最有效率的路徑。隨意翻閱，過目其中的各書版本批注，亦讓人對中國圖書的龐大與細膩，有了豐沛的想像。（大君）

《簡明古籍整理辭典》 諸偉奇、賀友齡、敖堃、趙鋒／編著 （黑龍江人民）
中國的古代典籍，蘊含了無數先人的智慧，是整個民族乃至全人類的文化遺產。本辭典按詞條首字筆畫數編排，以中國古籍為核心，收錄了古籍版本、目錄、校勘，以及與之相關的歷史、文學、哲學、人名、地名、文字、音韻、等各類詞目，共近五千條。在附錄方面，編者整理了〈歷代避諱舉例〉、〈古籍點校通例〉、〈四部分類簡表〉、〈諸家古韻分部對照表〉等供讀者參考。也許因為時代的距離，古籍易被忽視或讓人感到陌生，卻是我們探索閱讀世界時不可遺漏的源頭。
（藍嘉俊）

關於狩獵的方法

《如何閱讀一本書》（*How to Read A Book*）
莫提默‧艾德勒、查理‧范多倫（Mortimer J. Adler、Charles Van Doren）／著　郝明義、朱衣／譯（臺灣商務）
「每本書的封面之下都有一套自己的骨架，作為一個分析閱讀的讀者，你的責任就是要找出這個骨架。……你一定要用一雙X光般的透視眼來看這本書，因為那是你了解一本書的基礎。」
是否有一種神探柯南或骨科醫生的趣味？
作為偵探型的讀者，我們可以閱讀一本書，閱讀一隻鞋子，閱讀一個人，閱讀一份菜單。在混亂的資訊風暴中，也只有偵探型的讀者能在沒有任何配備下橫渡意義的海洋。在這個幸福又癡肥的年代，當然也只有偵探型的讀者才能保有流線型的思考肌肉，健美選手般的思慮線條。這本書讓你吃苦，讓你變瘦，它將把你帶往偵探型讀者的路上！（李康莉）

《中國古今治學方法》 王雲五／著（臺灣商務）
王雲五先生不但以自修成學聞名，尤其在他主掌商務印書館之後，為中國近代的出版及文化都有極其深遠的貢獻。
他編著的本書，不但以條例方式整理了中國古今名人對為學這件事情的觀點與方法，也加入了許多他自己的心得。以今天教育理念與方法變化如此之大，出版書籍種數如此之多，「治學」的定義與方法固然有許多改變，但是不分古今也必定有許多不變之處，因此值得一讀。尤其中國歷代對讀書人的期許，除了為學的本身之外，還有人格之培育，這也是本書整理條目中甚值參考之處。（傅凌）

《古代閱讀論》 曾祥芹、張維坤、黃果泉／編著　（河南教育）
《中國古今治學方法》讀來輕鬆有趣，但主要是筆記，沒有時間的序列，也比較沒有系統。如果想對中國古代人士的閱讀理論與方法再多一些了解，《古代閱讀理論》正好是下一本書。
《古代閱讀理論》全書分四編：先秦時期、秦漢至南北朝時期、隋唐兩宋時期、元明清時期。每個時期先有這個時期的閱讀理論概述，再分別條列該階段代表性人物的觀點與言論。整本書以《尚書》起，以王國維終。（傅凌）

《古書版本常談》 毛春翔／著（上海古籍）
本書為中國古籍版本學的論述，結合古人之記述與作者自身之研究所成，總括性的包羅歷代版本介紹，並附版本書的圖說，條理清晰明確。作者長期從事圖書研究，尤對古籍保存整理專精。本書言簡易賅，初學者能藉此親近「版本學」及其重要性；面對淵源流傳的印抄古籍，歷經各朝代的手抄、活字或校正、增修，差異性之大與勘誤明辨之必要，誠為治學者當慎察了解。
本書從基本概念談起，自歷代刻本印書，及巾箱本、套印本等──說明，有作者研究發現的校讎觀察，且提出鑑別版本的方法。書後附古籍版本書目總錄，提供研究者與收藏者之讀書參考線索。（葉亞薇）

《讀書的藝術》叔本華（Schopenhauer）等／著　林衡哲、廖運範／譯（志文）

這本書是由西方許多名家的文章所編成，其中包括叔本華、蒙田、梭羅等人。對照著《中國古今治學方法》閱讀，饒有興味。相對於中國人，西方人所寫的這些閱讀心得，更傾向於集中焦點在閱讀的本身上，並且以比較更生動與白話的文字來說明。因此，你會讀到像這樣的文字：「然而在讀書時，我們的頭腦實際成為別人的思想的運動場了。所以讀書甚多或幾乎整天讀書的人，雖然可藉此養精蓄銳，休養精神，而漸漸喪失自行思想的能力，猶如時常騎馬的人終於會失去步行的能力一樣。」（傅凌）

《書架：閱讀的起點》（The Book on the Bookshelf）
亨利‧佩特羅斯基（Henry Petroski）／著　薛絢／譯（藍鯨）

看見了書，可是看見了書架嗎？看見了書架，可是「知道」書架之所以為書架嗎？因為這樣一個小小的好奇，於是，作者開始了尋找書架之旅──從各個可能的線索中，追尋、解剖書架的故事。

因為書籍形式的演變，書架在不同的時候，也有不同的樣貌，有從牆上垂掛的書架，有像古代行李箱那樣巨大的書箱、書櫥，也有抽屜式的書櫃，還有附上鎖鏈的書架，以呼應各個時候的書籍儲存。因此，在書架之旅中，我們更可以看到各種相關的時代風景，以及編者、製書者、讀者如何透過書架與書互動。（莊琬華）

《年鑑學派》張廣智、陳新／著（揚智）

年鑑學派興起於1929年法國，因發起者所創辦的《經濟社會史年鑑》而得名。與傳統歷史學派不同的是，年鑑學派認為歷史研究除了政治、外交等「重大」事件之外，應專注於「社會史」的研究，經濟、文化、人口、地理等社會的全部層次也都是歷史研究的依據。因而倡導打破學科界限，地理學、心理學、人類學、社會學等傳統認為「非史學」的各學科，對史學研究都是可行有用的。他們因而也篤信，歷史學的發展在於實踐而不在理論，認同實例與具體研究，而非方法論上的空談。

本書為「文化手邊冊」叢書之一，其餘還可見「影視史學」、「新左派」、「文化工業」……等議題的討論。形塑當代面貌的各種思潮，在簡明扼要的介紹中都可以得到初步理解。（大君）

《王國維的治學方法》雷紹鋒／著（新視野）

讀了一些條例、摘記式的讀書理論與方法之後，讀讀《王國維的治學方法》的理由就很清楚了。首先，這是一個有系統，有組織地全面分析一個讀書人觀念與方法的專著，可以從頭追蹤一個獵人的途徑；第二，王國維個人本身所代表的意義。王國維置身的時代，是清末民初，中國社會變動最為急劇之時。為了救亡圖存，以張之洞為代表的人主張「中學」、「西學」之分，並且「西政」急於「西藝」。但是王國維卻不同於此，主張沒有中學、西學之分，也沒有新學、舊學之分。光這一點，就值得我們仔細聆聽這個人的足跡。（傅凌）

關於狩獵的歷史

《閱讀地圖》（A History of Reading）阿爾維托‧曼古埃爾（Alberto Manguel）／著　吳昌杰／譯（台灣商務）

此書原名「閱讀的歷史」（A History of Reading），剖析人類的閱讀習慣如何形成。不過，她不是以編年的方式，來說明什麼時候發生了什麼與閱讀相關的事情，她以一則一則的故事帶領讀者進入閱讀的歷史。

在一切書籍起點的廢墟中穿越閱讀時空：書籍、讀者的誕生；閱讀能力如何經過漫長歷史而有所成就；所謂「讀」書，是如何認識一連串的符號與圖像；與閱讀密切相關的眼鏡曾經是智慧的象徵，如何成為辨識書呆子的線索；書與人與意義，絕非理所當然的結合。作為一位讀者，「閱讀」這個神秘世界，盡顯此書中。（莊琬華）

《知識社會史：從古騰堡到狄德羅》（*A Social History of Knowledge: From Gutenberg to Diderot*）
彼得·柏克（Peter Burke）／著　賈士蘅／譯（麥田）

這本書談的是自1450年活字版印刷術在德國古騰堡發行到1750年狄德羅陸續出版《百科全書》這四百年來，知識在西方歷史上所扮演的角色，也是一部關於西方近代知識與社會交融的歷史。

本書對於知識的定義相當廣泛，不侷限在學院中所談論的嚴肅的知識，也論及日常生活所遇到的各種知識，而知識的歷史就是一部社會建構史，從書中可以看到歐洲的知識階級、教會、學校、圖書館等機構如何建立知識；知識的取得與發展又是如何與地理、經濟等中心、邊陲產生關聯。（江淑琳）

《個人知識：邁向後批判哲學》（*Personal Knowledge: Towards a Post-Critical Philosophy*）
邁克爾·波蘭尼（Michael Polanyi）／著　許澤民／譯（貴州人民）

個人知識以科學和歷史切入，將思維分門別類予以說明，讓浮沉於知識瀚海的溺泅者得以抓到著力點，並且悠游其中，在這樣框架下的哲學，不但有層次、秩序，並且為讀者在各種學問當中找到印證哲學之處，因此我們可以從數學認識哲學、從科學認識哲學，從各種開展在眼前的學問當中，得到珍貴的啓發。

本書適合對各種知識來者不拒、欣然接受，並且懷抱極大熱情和理想的知識饕餮；或許這本書並不能解決求知者的立即需求，但一日三餐按時服用，日久便能見其效用。（沈心怡）

《家學淵源》劉永翔、王培軍／著（上海人民）

我們常說「家學淵源」，指的就是一個學有專精受人景仰的大家，有子繼承衣缽，並且還能青出於藍。

《家學淵源》提供了中國古代歷來享有盛名的家族精英，並且遵循古制，以專長或出生地作為這一姓氏的註記，例如文學三書，指的正是曹操、曹丕和曹植父子，父子三人遺留給後人的，除了能夠拿來說書演戲的那段三國故事，還有他們的文朵；而在文學地位可以與之匹敵的父子檔，大概只有眉山三蘇——蘇洵、蘇軾和蘇轍了。書中六十三家，都在家學淵源薰陶之下，為自己的姓氏增添光彩；而冠在他們姓氏前面的地方，也因為這些名家，多了可供外人參考的座標。（沈心怡）

《中國上古圖書源流》　劉國進／著（新華）

文字符號是人類文明的重要標的，而書的產生則是文明躍進的重要里程。本書論述紙張印刷發明前的上古圖書史，從文字記事的誕生說起，區別文獻、圖書、檔案等相關知識體系，正名「圖書源流」，遙望中國遠祖們的文明發端。甲骨文出現之於殷商文化、青銅銘文之於文書影響，而後秦石刻文、簡牘書、縑帛文書等時代性萌發，並針對先秦與漢的著述闡釋，為中國上古圖書的總體呈現。

溯本追源地探索上古的一脈相承，並將時代文化背景因素融於文書出現的討論，是本書的特點。除了歷史考據意義，亦放諸思想、學術的大知識體系中作評量，深具參考價值。（葉亞薇）

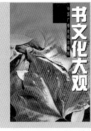

《書文化大觀》李廣宇／編著（中國廣播電視）

光是翻閱多達二十幾頁的主、細目錄，或從其分類方式中，就可以知道這是一本實用又有趣的、介紹書的小百科全書。《書史簡說》、《書的結構》、《歷代出版機構》、《古代藏書家》、《藏書樓》等單元，組成了各種關於書的內在與外在的歷史、知識面向。從〈奇書拾趣〉、〈書文化之最〉等單元裡，可以得知諸如「退稿最多的書」、「最小的書」這類趣聞。在〈藏書票〉和〈出版標記〉中，則是以圖像方式呈現書的相關文化。此外，我們還可以從〈論書格言〉及〈詠詩書〉裡，找到古今中外各種對於書或閱讀的、明智且幽默的見解。（藍嘉俊）

《藏書世家》柳和城、宋路霞、鄭寧／著（上海人民）

藏書是件艱辛備嚐的事業。既怕兵燹、賊盜、水患、火災，又怕沒有好子孫能傳承遺志與發揚光大。這本書敘及近代十四個藏書世家的故事，包括：天一閣范家、澹生堂祁家、鐵琴銅劍樓瞿家、嘉業堂劉家、蘇州潘氏家族、海寧蔣氏里家族與海鹽張元濟家族、無錫丁福保家族等。讀來不但能對近代主要藏書樓的來龍去脈與收藏特色略窺全貌，對於增加版本、目錄知識有所助益，同時也令人對孤本秘籍跨越時空而流傳下來的多舛命運，以及前人愛書、尋書、藏書的苦心，感懷不已。（徐淑卿）

《中國近代藏書文化》李雪梅／著（現代）

早在商周時期，中國就已經開始了藏書活動，當時除了皇室、官府、書院外，私人藏書也揭開了序幕。

但書籍自其脆弱，往往禁不起朝代更替、戰亂、祝融以及水的侵蝕，加上還有一些流散在各國的典籍，現今實在難以一窺全貌，但儘管如此，作者仍全面及系統地討論將近大約一百年以來，中國公私藏書生長衰替的原因。而其背後的原因，也不外乎是社會經濟、政治、文化、外交、資本主義、西化等等交互影響。

這不只是一本中國近代藏書史，也是一本人類文明的進化史。（詮斐）

《三千年文禍》謝蒼霖、萬芳珍／著（江西高校）

這是一本和中國知識份子關係密切的書，它非常仔細地收集了從夏末到清代，知識分子因為語言或文字而惹來的災禍。對照起現今的言論自由，倒不得不令人感慨。

從科舉時的試卷作答，到上書或者以言語勸諫皇帝，甚至撰詩、詞或文章，只要是觸犯了當代的忌諱或者引來皇帝不快，都可能為自己引來牢獄之災或殺身之禍。問題是忌諱本身非常幽微，再加上朝臣間的權力鬥爭等等種種因素，使得文禍難以界定，於是疑案或者冤案也不少。

雖然古有明訓「納諫者興，拒諫者亡」，但對中國歷代的皇帝來說，顯然並不容易做到。（詮斐）

《中國禁書大觀》安平秋、章培桓／主編（上海文化）

《老子》、《金剛經》、《紅樓夢》這些膾炙人口的典籍為什麼曾經是禁書？透過禁書這個切面，我們可以更加了解某個特定時空下的社會與文化圖像，以及，當時的統治階層到底在擔心害怕什麼。像劉姥姥進大觀園般，本書展開了中國從秦代到清代的禁書天地，共包含三大區塊。第一部分從秦始皇的焚書到康熙的文字獄，鋪陳了中國數千年的禁書簡史；第二部分針對兩百多本禁書，簡扼說明了書本內容、時代脈絡及被禁的理由；第三部分，羅列中國各朝代的三千多本禁書目錄。（藍嘉俊）

《世界禁書大觀》余悅／主編（百花洲文藝）

本書分前、中、下篇，說明世界禁書概況、舉要、大事紀。前篇概說禁書成因大抵三種：歷史現象，如中世紀基督教士焚燒科學著作；強權打壓，如1951年美國嚴禁《麥田捕手》；對慾望的保守態度與壓抑，如英國查禁《查泰萊夫人的情人》。中篇以國家分別，簡介各國禁書內容、社會背景：自日本、印尼細數到荷蘭、保加利亞、南非。下篇以編年方式，自公元前440年細數迄今，簡明條列各國禁書大事。

禁書之不可說不可流傳，正因其揭露了不被承認接納的；本書宏旨，意不在書，而是警惕那普遍而一再重來的，人的偽善。（大君）

《希特勒與知識份子》劉國柱／著（時事）

希特勒曾經想成為藝術家，最後卻變成一個惡名昭彰的統治者。他當政的首要措施之一，就是清除德國和外國的「頹廢藝術」。藝術尚且如此，其他的思想控制就更不用說了，因此凡非德意志文化之族類，皆要摧毀。本書作者認為，作為納粹暴政的掌門人，希特勒所倡導的極端種族主義與文化專制主義，不會是個人的產物，它們可以在德國歷史上找到更深層次的文化淵源，其思想可見諸於一些著名的知識份子，如哲學家、歷史學家乃至於音樂家。因此，我們可以從尼采的「超人理論」或瓦格納的歌劇《尼伯龍根的指環》中，找到其中的連結。（藍嘉俊）

《垃圾文化：通俗文化與偉大傳統》（*Trash Culture: Popular Culture and the Great Tradition*）

理查德・凱勒・西蒙（Richard Keller Simon）／著（社會科學文獻）

當我們把「通俗」（垃圾）文化和「高尚」文化的原素作出比較時，其實會發現兩者不是對立，而是一個錢幣的兩面。有誰會想到當年曾被法國政府禁止出版、被視為色情小說的《包法利夫人》，現今會被視為名學經典？作者指出，偉大的古典文學和現代通俗文學之間，有著明顯的傳承關係，現代的電影和肥皂劇就是在不斷複製古典戲劇的情節。

經典文學的零碎浮影子，無時無刻浮現在後現代的流行文化中，當然你必須有閱讀經典文學的基礎下，才能看到它們附在通俗文化中的靈魂。無非是說文學在現今社會和以往同樣重要，文學經典和通俗文化結合在一起的時候到了。（冼懿穎）

關於獵人的經驗談

《容齋隨筆》洪邁／著（大立）

這本書雖然列在獵人的經驗談裡，其實是可以當作狩獵的地圖看。作者為南宋大學士，學識廣博，悉掌典故，且一生著作繁富。本書是作者的讀書筆記，分「隨筆」、「續筆」、「三筆」、「四筆」、「五筆」，共五集七十四卷，內容涵蓋文、史、哲、藝等各領域，雜匯無垠學習的靈光所得。又因擅為考據，對經史子集之辨證核明，皆有所獲。其中，對於宋代之文物典籍、史實掌故之專精細密，成為本書最為後世推崇的價值之一。

逾七望八之齡，讀書是作者老年生涯之「勝樂」，且時時捉筆附案，隨趣所至而記之。觀古今風流，洞人性微妙；誌古今章制，察歷代流變。本書堪稱無為而為、博積厚發的知識份子為學典範。（葉亞薇）

《夢溪筆談》沈括／著（台灣商務）

本書為北宋知名學者記述一生的重要見聞，不僅為後世稱道的「中國科學史」之研究價值，更體現宋代文人博學自由的生命態度。本書內容共計十七門三十六卷，從門類的多姿，如象數、人事、權智、神奇、譏謔等，可知雅士之宏觀涉獵，可見一時代之萬千人文氣象。

本書內容多元可觀，活字金石之技藝、寫意與寫真比較的書畫鑑賞、人物珠璣對話的幽默共鳴、窮天僻地處之奇聞，及社會上下階層之奇趣等等。除卻經史典籍的大卷書，作者更從世俗生活中發掘源源奇書，且另創一逕解讀透澈，深層聯想演繹。本書是讀書人有自覺地攝取學問的鏗鏘，聲聲不凡。（葉亞薇）

《142個閱讀起點》（The Knowledge Web）詹姆斯‧柏克（James Burke）／著 蕭美惠／譯（藍鯨）

這是一個讀了很多書的人的閱讀筆記。英文書名叫作《The Knowledge Web》，可以把這本書的特點做個說明：其實這個筆記最好的發表方式應該是在網路上，因為作者把其中重要之處整理了142個節點，不同的節點之間可以交互跳躍進入。這在網路上當然完全沒有什麼稀奇，不過作者把它們轉換為平面紙本的型態之後，142個節點之間的聯結，在編輯與構成的方法上就頗具巧思。

這本書可以用傳統的方式一口氣讀完，但也可以用作者新的設計玩一個不同的閱讀遊戲，很有趣。（傅凌）

《讀書的情趣與藝術》培根（Bacon）等／著（中國友誼）

隨著印刷術發達，人類智慧增長，讀書早已是唾手可得的知識趣味，但有多少現代人了解其中甘美？讓我們回頭扣問人類文明史上的學問家、思想家、文學家們，他們畢生恣意書海；是作家，更是一輩子的讀者。本書編匯古今中外頂尖知識份子的讀書觀，分享他們在閱讀世界所獲得的情味感受，充滿知性、理性、感性兼備的愛智喜悅。

「讀書能帶給人樂趣、文雅及能力」、「讀書不為其他，但求面目可愛」英國培根、中國林語堂，一個諄諄傳道、一個幽默隨性。讀書的動機、經驗、方法、藏書等，名家「野人獻曝」的調性或有不同，但讀書的美好儼然是一種世界觀。（葉亞薇）

《愛書人的喜悅》（Ex Libris）安‧法第曼（Anne Fadiman）／著 劉建台／譯（雙月書屋）

來自把「在隨意吟詠、刻意誦讀的文字，僅靠記憶搜尋他們的出處」，或者「比賽誰能辨識出又長又罕用的字彙」當作遊戲而樂此不疲的閱讀家族，作者安‧法第曼一直對書籍有無限的繾綣愛戀。

因為愛戀，所以有時像是呵護情人一般的細緻體貼，與之對話，為之建造殿堂，有時卻也像予取予求的獨裁者，以折角、書寫、畫記等方式標誌出自己所屬。書是她生命的意義，同樣的，在敘述中她也賦予書以生命：彌爾頓的十四行詩〈論目盲〉（On his Blindness）如何在父親失明之際映照出曙光；她的另類書架上對於極地冒險的想像與實踐，一則書名、一句題詞、一頁目錄，一位作者，一部作品都是一段美麗的故事。（莊琬華）

《讀書毀了我》（*Ruined By Reading*）琳恩・莎朗・史瓦茨（Lynne Sharon Schwartz）／著　李斯／譯（遠流）

因為愛書成癮，於是就如同吸毒者一般，一生癡醉無法自拔，所有因書而產生的症狀只有與時俱進的變本加厲，直到某日，作者閱讀一篇隨筆，讀書一生，究竟所謂何來？這個問題引發她的深思，而成就本書。

因書而毀，終生不悔，如作者所言，閱讀就是逃脫，就是活在另一種聲音、另一種語言裡，唯有閱讀，是純粹為自己而做的事情，也是使生活真正屬於自己的道路，所以，儘管作者與書常常進行各種角力，也往往自陷於書，但是她仍然樂此不疲，閱讀之所以毀她，最終原因就是那是永無終止的渴求。　（莊琬華）

《閑話讀書──閱讀成癮者的私語》（*Bouguiner*）
安妮・弗朗索瓦（Annie Francois）／著　俞佳樂、唐媛圓／譯（米娜貝爾）

愛書的人，大概都有同感，人與書的羈絆，在每一個小小的接觸中，產生無形且強大的力量，對書的種種迷戀，總讓旁人以為遇上個怪人。而戀書人在這一本書與另一本書的牽扯中，總逃不出書網層層的糾結。

此書作者卻能在其中悠遊，有時候像個偵探，有時候卻又閒散著等待好運，她借書、棄書、淘書、買書、送書、畫書、找書，乃至愛書、厭書、評書、讀書、聞書、理書，太多的故事，在叨叨絮絮的文字裡，輕輕騷動讀者的好奇。如果你還沒準備進入追索的過程，那麼閱讀本書，絕對要保持清醒。　（莊琬華）

《陳原書話》姜德明／主編　陳原／選編（北京）

閱讀本書，彷彿親近一位愛書成痴的和藹長者，聆聽他將自己的「書緣情話」娓娓道來，讀書的生活真切感，教人愈嚼愈有滋味。本書共分上中下三編，上編是作者與書之間的故事，失書、焚書的情境等等，宛若人書互動的酸甜悲喜劇；中編是讀書評點，在古今雅俗著作中天南地北，文章引介中帶著作者的人生觀點；下編則蒐羅為他作的序文、書店故事及懷念文友的抒情，無論是與書或與人的對話，看得出作者「交心」的敦厚誠懇，處處有細膩的人情風景。

本書敞開資深文化人的書香天地之門，篇篇淡如水的君子讀書手記，循著春風如沐，邀約讀者且來和書結緣吧。　（葉亞薇）

《書之愛》王強／著（世界知識）

這是一本體積很小的書。不過，打開書就可以知道作者真是個愛書的人。

從書中的介紹，可以知道他另有專業；從各篇文章主題之廣泛，可以想見他閱讀興趣之廣。

這本書裡有他的搜書紀錄，有他讀書的感受與心得。雖然是散文筆記，全書並沒有系統，但是在每一篇文章裡都散發著他自己特有的心得與觀點。因此像《第一部世界寵物史》、《莎士比亞筆下的動物》、《獵書人的假節日》、《左撇子之書》等有趣的書，都在他筆下解釋得十分生動。　（傅凌）

《書緣・情緣》愷蒂／著（遼寧教育）

每一本書，可以是一個故事，而每一本書與其作者的故事，就是一則傳奇。作者愷蒂，在閱讀每一本書中故事的時候，也閱讀了書與作者的傳奇，於是衍生出第三層──讀者與書、作者──的對話。

〈書緣・情緣〉看《查令十字路八十四號》的主角以及此書作者所未知的後續故事；《愛麗絲夢遊奇境》的路易斯如何於夢中不醒；王爾德、石牆酒吧與同性戀；深夜電話演繹成的浪漫故事；印度的《慾經》與春雕……。還有《新娘百分百》、《BJ單身日記》，書與影與真實人生的協奏，是作者交織出的動人樂章。　（莊琬華）

《一口氣讀完：從詩經到圍城》向陽／著（新疆青少年）

從詩經到圍城，橫跨三千年的中國文學，要讀完可得花上浩浩泱泱的一口大氣。本書為名著導讀評點，期待引發讀者「躺著讀經典」的樂趣。作者的認真誠懇，可見於每篇經典與名家之上下尋線、文史對照的全觀功夫；讀書人的爽朗精幹，則在博覽群籍、雜敘雜議之際，仍不失思考的清醒，不為書誤、洞悉明辨，令人讀來溫辣有味，不亦快哉！

經典不應該是肅然起敬的高不可攀，名家的生命同樣存乎人性善惡的高迭悲喜。「讀書」，其實也在「讀人」。詩歌、戲曲、筆記、小說，本書體現了中國文學的大觀園，遊走其中，愛書人必能尋得「掬一蕊芬 芳細品」的感動。　（葉亞薇）■

國家圖書館出版品預行編目資料

閱讀的狩獵＝Hunting for knowledge／黃秀如
主編.--初版. -- 臺北市：網路與書，
2004〔民93〕
面； 公分.--（Net and Books 網路與書
雜誌書；9）
ISBN 957-30266-8-6（平裝）
1. 讀書-文集
019.07   93000356

如何購買 Net and Books 網路與書

● 試刊號

＞特集
閱讀法國
從4200筆法文中譯的書單裡，篩選出最終50種閱讀法國不能不讀的書。從《羅蘭之歌》到《追憶似水年華》，每種書都有介紹和版本推薦。
定價：新台幣150元

存量有限。請儘速珍藏這本性質特殊的試刊號。

1 《閱讀的風貌》

試刊號之後六個月，才改變型態推出的主題書。第一本《閱讀的面貌》以人類六千年閱讀的歷史與發展為主題。包括書籍與網路閱讀的發展，都在這個主題之下，結合文字與大量的圖片，有精彩的展現。本書中並包含《台灣都會區閱讀習慣調查》。
定價：新台幣280元，特價199元

2 《詩戀Pi》

在一個只知往外沿擴展的世界中，在一個少了韻律與節奏的世界中，我們只能讀詩，最有力的文章也只是用繩索固定在地面的熱氣球。而詩則不然。
（人類五千年來的詩的歷史，也整理在這本書中。）
定價：新台幣280元

3 《財富地圖》

如果我們沒法體認財富、富裕，以及富翁三者的差異，必定對「致富」一事產生觀念上的偏差與行為上的錯亂。本期包含：財富的觀念與方法探討、財富的歷史社會意義、古今富翁群像、50本大亨級的致富書單，以及《台灣地區財富觀調查報告》。
定價：新台幣280元

4 《做愛情》

愛情經常淪為情人節的商品，性則只能做，不能說，長期鎖入私密語言的衣櫃。本期將做愛與愛情結合，大聲張揚。從文學、歷史、哲學、社會現象、大眾文化的角度解讀「做愛情」，把愛情的概念複雜化。用攝影呈現現代關係的多面，把玩愛情的細部趣味。除了高潮迭起的視聽閱讀推薦，並增加小說創作單元。
定價：新台幣280元

5 《詞典的兩個世界》

本書談詞典的四件事情：
1).詞典與人類歷史、文化的發展，密不可分的關係。2).詞典的內部世界，以及編輯詞典的人物與掌故。3).怎樣挑選、使用適合自己的詞典——這個部分只限於中文及英文的語文學習詞典，不包括其他種類的詞典。4).詞典的未來：談詞典的最新發展趨勢。
定價：新台幣280元

6 《移動在瘟疫蔓延時》

過去，移動有各種不同的面貌與定義．冷戰結束後，人類的移動第一次真正達成全球化，移動的各種面貌與定義也日益混合。2003年，戰爭的烽火再起，SARS的病毒形同瘟疫，於是，新的壁壘出現，我們必須重新思考移動的形式與內容。32頁別冊：移動與傳染病與SARS。
定價：新台幣280元

7 《健康的時尚》

這個專題探討的重點：什麼是疾病；怎樣知道如何照顧自己，並且知道不同的醫療系統的作用與限制；什麼是健康，以及如何選擇自己的生活風格來提升自己的生命力。如同以往，本書也對醫療與健康的歷史做了總的回顧。
定價：新台幣280元

8 《一個人》

單身的人有著情感、經濟與活動上的自由，但又必須面對無人分享、分憂或孤寂的問題。不只是婚姻定義上的單身，「一個人」的狀態其實每個人都會遇到，它以各種形式出現，是極為重要的生命情境或態度。在單身與個人化社會的趨勢裡，本書探討了一個人的各種狀態、歷史、本質、價值與方法。
定價：新台幣280元

9 《閱讀的狩獵》

閱讀就是一種狩獵的經驗。每個人都可以成狩獵者，而狩獵的對象也許是一本書、一個人物、一個概念。這次主要分析閱讀的狩獵在今天出現了哪些歷史性的變化、獵人各種不同的形態、細味他們的狩獵經驗、探討如何利用各種工具有系統地狩獵，以及回顧過去曾出現過的禁獵者及相關的歷史。這本書獻給所有知識的狩獵者。
定價：新台幣280元

Net and Books 網路與書

訂購方法

1. 劃撥訂閱

劃撥帳號：19542850　　戶名：英屬蓋曼群島商 網路與書股份有限公司 台灣分公司

2. 門市訂閱

歡迎親至本公司訂閱。　　台北：台北市105南京東路四段25號10樓之1。

營業時間：週一至週五上午9：00至下午5：00

3. 信用卡訂閱

請填妥所附信用卡訂閱單郵寄或傳真至台北(02)2545-2951。

如已傳真請勿再投郵，以免重複訂閱。

信用卡訂購單

本訂購單僅限台灣地區讀者使用。台灣地區以外讀者，如需訂購，請至 www.netandbooks.com 網站查詢。

□訂購試刊號　　　　　　定價新台幣150元×＿＿冊=＿＿＿＿元　　□訂購第6本《移動在瘟疫蔓延時》定價新台幣280元×＿＿冊=＿＿＿＿元

□訂購第1本《閱讀的風貌》　定價新台幣199元×＿＿冊=＿＿＿＿元　　□訂購第7本《健康的時尚》　定價新台幣280元×＿＿冊=＿＿＿＿元

□訂購第2本《詩戀Pi》　　定價新台幣280元×＿＿冊=＿＿＿＿元　　□訂購第8本《一個人》　　定價新台幣280元×＿＿冊=＿＿＿＿元

□訂購第3本《財富地圖》　　定價新台幣280元×＿＿冊=＿＿＿＿元　　□訂購第9本《閱讀的狩獵》　定價新台幣280元×＿＿冊=＿＿＿＿元

□訂購第4本《做愛情》　　　定價新台幣280元×＿＿冊=＿＿＿＿元

□訂購第5本《詞典的兩個世界》定價新台幣280元×＿＿冊=＿＿＿＿元

□預購第10本至第21本之《網路與書》（不定期陸續出版）　特價新台幣2800元×＿＿＿套=＿＿＿＿＿元

以上均以平寄，如需掛號：

□試刊號與《閱讀的風貌》、《詩戀Pi》、《財富地圖》、《做愛情》、《詞典的兩個世界》、《移動在瘟疫蔓延時》、《健康的時尚》、《一個人》、《閱讀的狩獵》每本加收掛號郵資20元。

□預購第10本至第21本，每套加收掛號郵資240元。

訂 購 資 料		
姓名：	生日：	性別：□男　　□女
身分證字號：	電話：	傳真：
E-mail：	郵寄地址：□□□	
統一編號：	收據地址：	

信 用 卡 付 款
卡　別：□VISA　　□MASTER　　□JCB　　□U CARD
卡　號：＿＿＿＿＿＿＿＿＿＿＿＿＿有效期限：200　年　　月止
持卡人簽名：＿＿＿＿＿＿＿＿＿（與信用卡簽名同）
總 金 額：＿＿＿＿＿＿＿＿＿發卡銀行：＿＿＿＿＿＿＿＿＿＿

如尚有任何疑問，歡迎電洽「網路與書」讀者服務部

服務專線：0800-252-500　傳真專線：＋886-2-2545-2951

服務時間：週一至週五上午9：00至下午5：00　　E-mail：help@netandbooks.com